今ひきこもりの君へおくる踏み出す勇気

元ひきこもり・発達障害カウンセラー
吉濱ツトム

KKベストセラーズ

今ひきこもりの君へおくる 踏み出す勇気

カバー写真　平山訓生
本文イラスト　モガミタカシ
編集協力　鈴木玉緒

はじめに

日本は今、人材不足・人手不足の雇用問題を抱えています。それにもかかわらず、20代〜60代の就職できずにいる「大人のひきこもり」、「大人のニート」は年々増加。２０１５年、内閣府が15歳〜39歳までを対象に実施した「ひきこもり」の実態調査（16年発表）では、**全国に54万１０００人（推計値）を数える結果でした。**

ひきこもりの期間が「7年以上」と回答した人がそのうち34・7％。推計値とはいえ、約19万人が「長期化・高年齢化している」ことが判明しています。

また、**本年3月、同じく内閣府は、40歳〜64歳のひきこもりが全国に61万３０００人いることを公表しました。４年前の数値と単純に合計すると１１５万人強がひきこもりと推計されます。**アンケート調査の回収の「低調さ」を鑑《かんが》みると、実際にはその倍の「２００万人はいるのではないか」という識者もいます。

日本の人口は1億２６２０万人（総務省「人口推計」19年5月報）です。仮に多く見積もり、「２００万人」のひきこもりで計算すると、全人口の約1・6％。

日本人の100人に1・6人が社会からひきこもっています。

さらに、ひきこもり200万人を、同推計にある15歳〜64歳の「生産年齢人口」の7543万7000人で割ると、約2・7％。

社会人としてうまく働けないひきこもりは100人中2・7人にものぼります。

働くことができずに、しかも事実上社会的ケアも受けることができずに「放置」されているのが現状ではないでしょうか。

そしてこの数年、**「7040問題《ななまるよんまる》」と呼ばれる社会問題がメディアで取りあげられるようになってきました。7040問題とは、すでに定年退職などでリタイアした70代無職の親が、アラフォー世代（around 40th：40代前後の不遇な世代で「就職氷河期世代」、「ロスト・ジェネレーション世代」とも呼ばれる）の我が子の面倒を見なければならないという深刻な経済的問題のことです。**

年齢を重ねた子どもは仕事にも収入にも恵まれず、ゆえに非婚率も高い。将来の不安を抱《かか》えたまま、いずれは両親の資産減少での共倒《ともだお》れ、老後破産が待ち受けるのみと危惧《きぐ》されています。**この現象は「80代の親が50代の子の世話をする」という「8050《はちまるごーまる》問題」にまでスライドしつつあり、じりじりとその深刻さが増しています。**

また、社会保障の観点からも、「ひきこもりの高齢化」問題は生活保護や年金制度を逼迫《ひっぱく》させ、ひいては、当人の**孤独死**の増加を引き起こします。社会問題として取り組まねばならない喫緊《きっきん》の課題とも言えます。もちろん、現在、内閣府では事態の深刻さを受け、「ひきこもり」の支援政策を打ち出しています。

たとえば、政策の一部として『ひきこもり支援者読本』を発行。第1部・第2章には「ひきこもりと発達障害」というテーマで、心療内科医師としての立場から星野仁彦先生（現・福島学院大学副学長）が調査研究を発表されています。第3章では小島貴子先生（現・東洋大学理工学部生体医工学科准教授）が「ひきこもり当事者への就労支援」として経営学の立場から精神的な自立支援・経済的な自立支援の意義などを提唱されています。今や国レベルでの取り組みが行われているという証《あかし》であり、僕が言うまでもなく、諸先生方によってすでに問題提起はされているのです。

さらに本年、厚生労働省が中心となって93年〜05年までの「就職氷河期」に学生だった若者（現在、48歳〜34歳）への支援策として**「就職氷河期世代等正社員就職実現プラン」**を策定しました。

その試みは、よしとしても、**ひきこもりのロスジェネ中年層にとって安易な「労働**

力確保」や「生活保護阻止」など本人の適性を無視した「上から目線」の対応だとしたら、彼らを傷つけてしまうのではないかとの懸念もあります。さらに、彼らを就職氷河期世代から「人生再設計第一世代」と名称変更するに至っては、ひたすら首を傾《かし》げざるを得ません。

ひきこもりの人たちとの「個人セッション」を通じて、僕が、皮膚感覚で懸念することは、**まず、経済的問題、将来のライフプランが立たないことです。**

しかし、それ以上に問題なのは、非正規やアルバイトを転々としたり、**ひとつの職場、職種で腰を据《す》えて仕事をする経験ができていないために、彼らにとって、働くことで得られる技術や喜びが「蓄積《ちくせき》」されていないこと**ではないかと思います。人生再設計を「立て直し」という意味で肯定的にとらえるならば、**ひきこもりで苦しむ人たちには、自分と向き合い「適性」をしっかり、じっくりと見極めてから、本当に自分が「働いて楽しい」と実感できる職業を探す「道筋」をつけていくことが必要だと思います。**それは、収入だとか就労条件を高望みすることよりも重要なことに思えます。

僕は、本書の目的をこう考えています。

ひきこもりに苦しむ本人に、今抱えている「生きづらさの正体」は何であるのかを

発見してもらい、そこから「社会の中で仲間とともにいられる場所」を見つけ、「ともに働くこと」ができるようになること、今よりも一歩「踏み出せる勇気」を持てるようにするための方法を、伝えることです。

さらに、僕が強く伝えたいことは、「長期化・高年齢化した大人のひきこもり」の深刻さは、「発達障害（先天的な脳の機能障害）」と根深く関係しているのではないか、ということです。

たとえば、就職氷河期という厳しい環境下で、普通に「適応できる人」と「ひきこもる人」。この違いは何なのか。果たして社会環境だけのせいなのか、もちろんイジメとか後天的な原因はあるかもしれません。でも、もっと深く自分の思考、ひいては脳の機能に問題があるのではないか。

ひきこもりは、発達障害と関係しており、適性という観点から人間関係、仕事に影響しているのではないかという「気づき」につながればと思いました。

なぜなら僕自身が自閉症と診断され、7年間におよぶひきこもりで自分が広汎《こうはん》性の発達障害（アスペルガー症候群）であることがわかったからです。

僕のひきこもりは19歳からはじまりました。どうにもならない自分を嘆《なげ》き、長い間、もがき苦しみました。命に見切りをつけたいとさえ思っていました。

その僕が発達障害という存在を知ったことによって救われ、ひきこもりから脱出。今なお発達障害があることには変わりありませんが、**発達障害はそもそも病気ではなく、また劣位《れつい》的な存在でもなく、あくまでも「凹凸《おうとつ》症候群」だと僕は考えています。**

現在、僕はその特性を活《い》かして収入を得ることができ、社会生活も楽しめるようになっています。

僕はこの一連の経験を元にして、これまでに2000人以上の個人指導を行い、発達障害の改善方法、発達障害という「才能」の活かし方、就職までの道のりを提供してきました。


ひきこもりの状況から、なんとか少しでも「脱け出したい」と苦しんでいる君へ。

そして心配されているご家族の方へ。

「このままではマズイ……」という認識を持ちながらも、ただいたずらに時間だけが過ぎていっていないでしょうか。どこから手をつけていいかわからない。そして不安だけが増大していく日々。解決方法を見出すことができず、問題を先送りにしているケースがあまりにも多いと僕は感じています。

そもそも、なぜ「ひきこもり」となってしまったのでしょうか。

自分がダメ人間だから？　甘えているから？　親のしつけが悪かったから？

いいえ、違います。その考えはいったん捨ててください。

ひきこもりの多くは「発達障害」と関係している。本書は、この相関関係の認識からはじまっていると言えます。

ひきこもりとなってしまう原因は、そのすべてが発達障害にある、と言いたいわけではありません。また、僕はひきこもりとなっている状態を非難する気持ちもありません。ただ、本人が病んでしまう傾向にあるため、苦しんでいるならば、その苦しみがラクになるような「解決するための選択」をした方がいいのではないかと考えています。僕は、元ひきこもりとして「自分ごと」としてひきこもりをとらえています。

僕の仕事は、前著『隠れアスペルガーという才能』（ＫＫベストセラーズ／２０１６年）でも書きましたが、アスペルガーをはじめとした発達障害の本人やそのご家族の方に個人指導を行い、**「生きづらさ」の根っこにある症状を改善すること。「本人の適性」に合わせた就学・就労支援をすることです。**

僕の元を訪れるのは、生きづらさを抱えた発達障害の人たち。発達障害に気づいている人、気づいていない人、もしかしたらそうかもしれない「グレーゾーン」にいる人などさまざまです。

しかし、いずれも「なぜか社会に適応できない」、「人間関係がうまくいかない」という問題を抱えています。そしてその状態を長期化させ、生きづらさの正体がわからずに、〝結果として〟ひきこもりとなってしまった人が非常に多いのです。

考えてみてください。原因がわからないまま、ただ「空気が読めないヤツ」、「変なヤツ」、「失礼なヤツ」、「社会不適合者」などと周囲から後ろ指をさされ続けたらどうなるでしょうか。落ち込み、自分を責め、「私はダメな人間なんだ」と悩み抜いて、ひきこもる。あるいは「社会が悪い」と自分を正当化、責任転嫁してこじらせ、社会との接点を絶ってしまうことにつながるのです。

ひきこもりとは、そうしたコミュニケーションが他者とうまくとれないことに耐えられないことを本人が自覚するところからはじまります。

もう一度言います。

ひきこもりは本人の「心」、「精神」、「性格」、あるいは親の「しつけ」などではな

く、発達障害に関係しています。それが「生きづらさ」を緩和させるトリガーポイント（ひきこもりの発生原因のひとつと考えられる場所）です。本人自身がそれを明らかに理解するだけで、自分の適性がわかり、自分の生きづらさの理由が見えてくるのです。

悩んでいる本人はもちろんのこと、ご家族や周囲の方にも理解していただきたいと思います。「ひきこもり」は単なる「怠惰《たいだ》」ではありません。

もしかしたら発達障害という言葉に抵抗を感じる方がいるかもしれません。しかし、**発達障害は文字通り「障害」であり、病気ではありません。また、すべての人にもグラデーションはあると思いますが、生きづらさの因子となる発達障害はあるのではないかと思います。その意味で「普通（定型発達）」の人という概念自体が本当はないのかもしれません。いや発達障害は、ときに「才能」として人生を豊かにすることができる「武器」にもなるのです。**

発達障害という〝生きづらさの正体〟を知れば、「そうだったんだ……」と腑《ふ》に落ちる人がほとんどです。それは自分を責め続けてきたひきこもりの長い時間から解放される瞬間です。〝原因〟を知れば〝改善〟が可能なのです。

迷った道を修正せずにいたら、その先いくら進んでも目的地には着けません。ひきこもりの出発点に戻り、再スタートすることです。結果としてそれが近道なのです。

本書は、ひきこもりで悩み抜いたみなさんの才能を、適職につなげ、自立への道を引き出すガイドマップです。あなたにふさわしい居場所へと自らたどり着くためのきっかけとなる本です。


年齢は関係ありません。「ひきこもり」の改善は、いつからでも間に合います。もっと言えば、今日からでもすぐに改善へと向かうことができるのです。


悩み傷ついたみなさんには活かすべき才能がある。活かすべき場所がある。活かされるべき人間である。多くの発達障害の方は、個性と才能にあふれた「特性の発達」を持つ魅力的な存在です。社会に貢献できる人材です。

みなさんも、周囲の方も、それを活かさない手はない。

そのために、僕は本書を書き進めました。

この本が、みなさんが再び活躍する社会へと、小さく踏み出す、大きな第一歩となることを願いつつ。

さあ、今すぐにはじめていきましょう。

今ひきこもりの
君へおくる
踏み出す勇気

目次

自分と向き合う

助けを求める

抜け出してみる

働いてみる

［第1章］「自分のトリセツ」を作ってみよう

——「ひきこもりの壁」発達障害と向き合う

［第2章］
暗闇から手を伸ばせ
【7つの実例】ひきこもりの絶望から脱出できた理由

［第3章］僕はこうして「ひきこもり」から立ち直った

［第4章］

発達障害を「生きがい」へ変える「自分流」働き方改革

第1章

自分と向き合う

「自分のトリセツ」を作ってみよう

——「ひきこもりの壁」発達障害と向き合う

「ひきこもり」とは何か

新宿区市ヶ谷の高層階にあるオフィスの窓から一日の終わり、だいたい夕方ですが、僕はよく外を眺めて深呼吸しながら心を整え、今日の出来事を振り返ったり、世の中のニュースのことなどについてとめどなく考え耽《ふけ》ったりします。

その思索の多くは、セッションに来られた相談者の人たちが何に苦しんでいるのか、またどうすればその「生きづらさ」を緩和《かんわ》できるのかについて考えてしまうことです。特に最近は、「大人のひきこもり」、30代後半から40代後半の世代の相談者が多く、しばしば70代のご両親からも相談を受けることもあります（母親が単独で来られることが多いです）。

その意味では「7040問題」について僕は皮膚感覚でわかっています。

ただ、中高年であっても、小学生であっても、当事者として相談を受ける上では、社会問題などではなく、もっと多様で個人的な生き方の問題、本人の「人生の問題」として僕はひきこもりをとらえています。

本人が「生きづらさ」となる原因があってひきこもるわけであり、人それぞれ原因も違います。ゆえに、相談を受ける側の当事者として無責任に「へェ〜、7040問題ね」として片付けるわけにはいきません。

逆に言えば、僕のセッションによって、ひきこもる本人が緩《ゆる》やかながらも、社会へと参加していくこと――具体的には「みんなと働ける」、あるいは「学校に行けるようになる」ところまで回復されると、〝自分ごと〟として嬉しく思います。

もう何人も社会復帰できた人たちを見てきましたので、それが僕の仕事の歓《よろこ》びにつながっていることも確かです。

また、**ひきこもりとは世間がイメージするほど異常なことでないこと。誰でも、いつでもそうした状態になる可能性がある**――そう思えてくるのです。

そこでひきこもりとは何であるのか。その定義を確認していきます。まず国はこのように定義しています。

仕事や学校に行かず、かつ家族以外の人との交流をほとんどせずに、6か月以上続けて自宅にひきこもっている状態。

（厚生労働省）

補足をすれば、趣味やコンビニなどへの買い物でときどき外出したりする場合も、ひきこもりに含まれるようです。

その定義からすれば僕は、元ひきこもりでした。

6か月どころか7年間もひきこもっていたことになります。また、ホームレスも経験しています（詳細は第3章をお読みいただければと思います）。もう少し深掘りしてみましょう。

「ひきこもり」についての研究の第一人者で、精神科医の斎藤環先生（筑波大学医学医療系社会精神保健学教授）によると、**「『ひきこもり』とは独立した病名や診断名ではなく、ひとつの状態像を意味する言葉」**であり、**「共通するのは、①6か月以上社会参加していない、②非精神病性の現象である、③外出しても対人関係がない場合はひきこもりと考える」**（斎藤環・畠中雅子『ひきこもりのライフプラン「親亡き後をどうするか」』岩波ブックレット／2012年）とあります。

さらに、「『ひきこもり』そのものは治療の対象ではありません。長期間に及ぶひきこもり状態がもたらす二次障がい（表記のまま）としての精神症状や問題行動が治療の対象となります。**また、未治療の『発達障がい』や『統合失調症』が潜んでいる可能**

性もあります」（前出・同書）。

ひきこもりとは、「非精神病性の現象」、つまり病気ではないということですね。さらに「発達障害が潜んでいる可能性がある」と記されています。

ちなみに僕のセッションは、ひきこもりと発達障害との関わりからその解決策を考えるアプローチをしています。

「はじめに」でも書きましたが、発達障害は病気ではありません。

生きづらさの原因となっている本人の特質を発達障害の範疇《はんちゅう》で理解することで、自分自身の適性を知ってもらうようにしています。

その目的は、発達障害であることを認定することではありません。

また、来談者の人にも「発達障害のお墨付きで納得してもらっても意味ないです」とはっきり言っています。

僕は発達障害を病気として治療するのではありません。

僕は、発達障害を人生の「凹凸症候群」として認識しています。

生きづらさを克服して、持続的に社会参加できるためのその人に合った認知と技術をコーチングしていくだけです。

ひきこもりの本当の問題

それでは、ひきこもりの何が切実な問題なのでしょうか？

結論から言います。

ひきこもりは、ひきこもった時点からずっと社会参加することなく、本人が死ぬまでひきこもってしまう可能性が高いことなのです。

これが最大の問題です。

世間では当事者以外には、まったく見向きもされない論点です。これは仕方ありません。

ひきこもる本人とその家族以外には真剣に向き合う切実さがないからです。

本年5月の「川崎殺傷事件」やそれに連動したと言われる6月の「元農水次官の息子殺害事件」で「中高年のひきこもり」への偏見報道が一部なされましたが、ひきこもりで悩む人たちを支援する当事者として僕は確信を持って言えます。

ひきこもりと犯罪の関係は、事件後に解釈され、結果論として導かれるだけで、大多数は、文字通り、社会参加（ネットでの交流などはある）をすることなく、「ひきこもって」います。

むしろ、〝事件〟として見るのであれば、孤立し、ひきこもり続けることでまるで本人が存在しなかったかのように誰にも知られずに「孤独死」する可能性のほうが圧倒的に高いのです。

しかも家族がいても、両親が経済的に破綻《はたん》し、衰弱死した後に本人が孤独死する。そうした悪循環がひきこもりの孕《はら》む社会的問題なのです。

今や、「8050問題」と言われるように本人や家族で解決できずにいたずらに時だけが過ぎ、放置されているのが実情でしょう。第三者の支援が入らなければ解決できないのです。

僕のセッションはその「第三者支援のお仕事」です。

それでも、来談者の多さに間に合わないのが実情なのです。それほど社会的なひきこもりはすそ野が広く根が深い社会問題だと思います。

まずは自分を客観的に認知するところから

僕は夕暮れから、オフィスの窓外の風景を眺めながら思索し、ちょうど夜の帳《とばり》が降りる頃、地平線には山々が、眼下には多くの家々の明かりが見え、また目の前の通りにはライトを灯した自動車が行き交《か》うようになると、自分以外の多くの人たちの生活が感じられます。

そもそもこの高いビルのオフィス自体、誰が作っているんだろう、「オレっていう人間ですら、多くの人たちのなした仕事、生活の中で生かされている」という気持ちになってきます。

誰もひとりでは生きられない。

そう実感することがあります。そんなことは当たり前で、みなさんも同じ気持ちかもしれません。

でも、**自分というひとりの個人の存在、価値を認知してからでないと、社会の中での自分の位置付けが本当に理解できません。**世の中で他人のために働くというきっかけづくりができないのです。

そういえば、僕は入学して5日後に中退してしまいましたが、大学における一般教養科目には「自己と社会」という永遠のテーマが設けられていますよね。

それは専門教育に行く前に、まず、「自分とは何か？」を問いかける哲学・社会思想などを学ぶことが人生の軸《じく》になる――という意味合いがあるのではないかと考えられます。

僕がひきこもりから抜け出せたのは、自分自身を「一個人」として客観視できるようになったからです。それは「メタ認知（自己客観化）」と言われるものです。

ひと言で言えば、「もうひとりの自分との対話」です。

次のページにある〔図表1〕を参照ください。

これが第1章のキモとなる認識です。

自己客観化を行うことでかなり自分自身の特性が見えてきます。

まず、短期的には嫌なことがあっても、すぐにはキレにくくなります。現実の自分自身をひとつのサンプルとして観察する認知方法だからです。

そうすると、自分が何につまずき、何に怒りを覚え、何に共感できるかなど、行動

〔図表1〕メタ認知のメカニズム

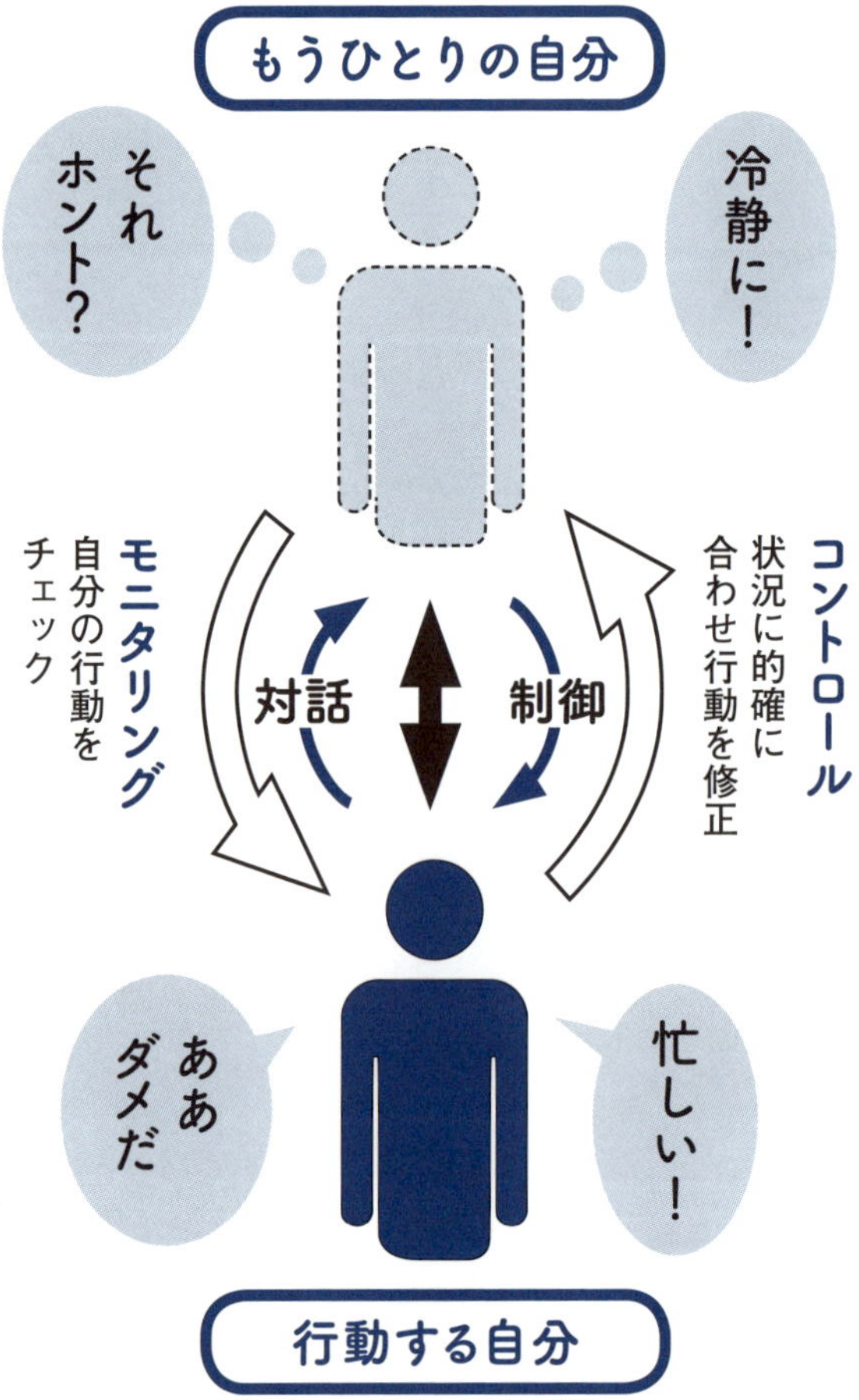

や感情をコントロールできるようになるのです。**自分を自分で「操縦する」イメージです。**

そうなれば、視野が広がり、ようやく他人の行動パターンも見えてきます。人付き合いの苦手なあなたでも自分と他人との関わりが見えてきます。

僕はこのメタ認知で「社会の中で自分が存在している」実感が持て、誰かの役に立てるイメージを持てて、はじめて社会参加できるようになりました。

そしてようやく「自分の仕事」をはじめられたような気がします。

社会で誰かの仕事が折り重なることで世の中が成立していると考えられること。

自分自身を客観的に認知できるようになること。

そこから自分の社会との関わり方を見つけ出せること。

そうすれば、自然と自分から動き、働けるようになると思います。僕がそうでした。

僕のセッションの目的は、まず、ひきこもりの人が「メタ認知できる」ようになること。次に自立した自分を社会のひとつの役割として働けるようにすること。

つまり、ひきこもりで悩む人たちを社会参加できるように「つなぐ」支援をすることです。

推定値115万人以上「ひきこもりの壁」

僕は今までに2000人以上の「生きづらさ」を抱えた来談者と向き合ってその苦しみからいかに抜け出すかについて方法を提示してきました。特に昨今の来談者は、30代後半から40代後半の中高年の社会的ひきこもりの人たちが多いと実感しています。では、なぜ中高年にひきこもりが増えたのでしょうか。

それは、「ひきこもりの壁」が世の中にあったからです。

内閣府のデータをおさらいしてみます。次のページの**〔図表2〕**を参照ください。

2016年9月に発表された内閣府の調査では、学校や仕事に行かず、半年以上自宅に閉じこもっている**15~39歳**（**若年層**）**のひきこもりの人は、全国の推計値で54万1000人と公表されました。**そのうち約35%が7年以上のひきこもりです。

また、ひきこもりになった年齢が20~24歳が34・7%に上ります。

さらに本年3月内閣府が公表した**40~64歳**（**中高年層**）**までの調査**（**内閣府政策統括官「生活状況に関する調査報告書」**）**では、61万3000人**（**40~64歳人口：4235万人の1・**

［図表2］長期高齢化するひきこもり

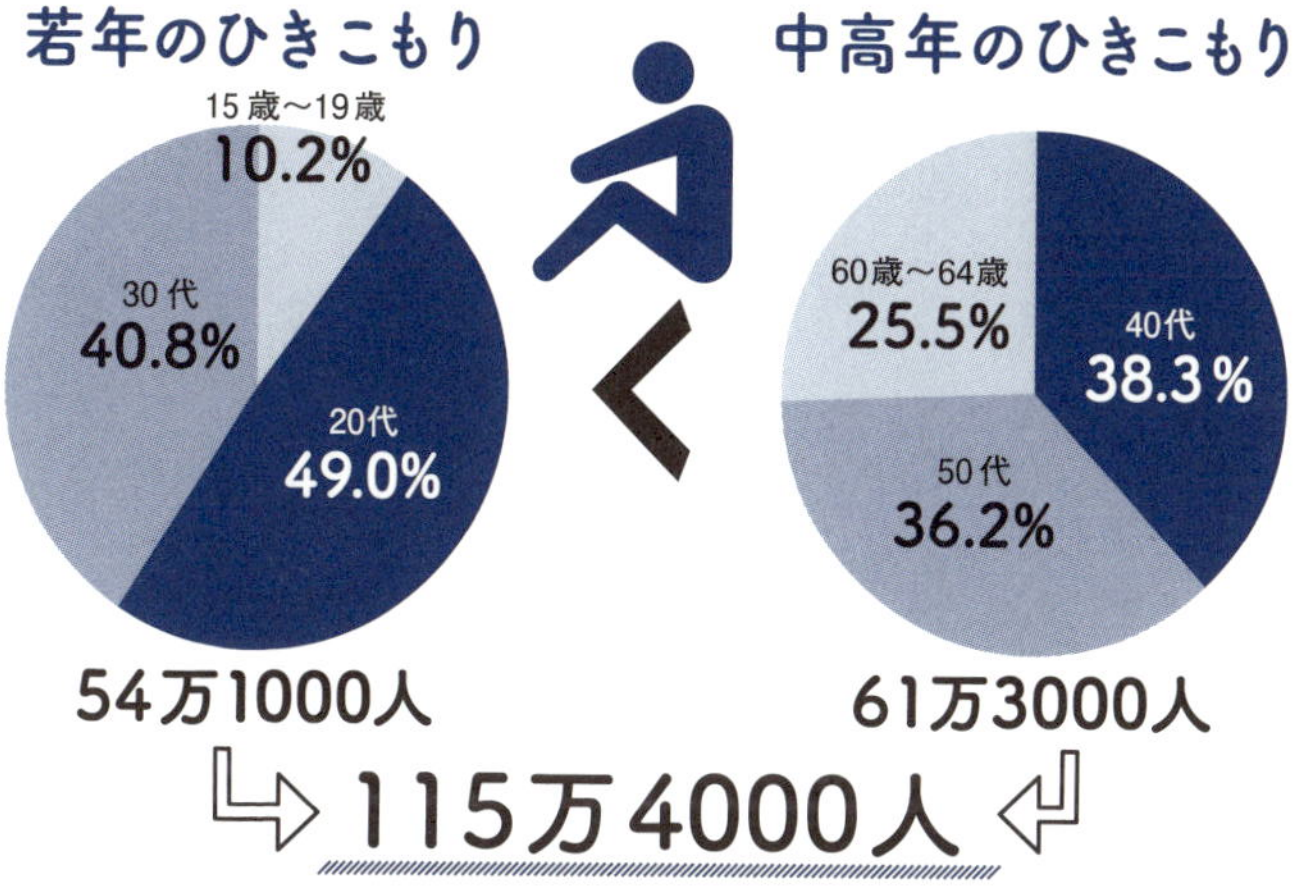

＊2015（15〜39歳）、18年（40〜64歳）の内閣府調査をもとに作成。後者では20年以上ひきこもる人が19.1%。長期高齢化が進んだ

45%）がひきこもりとの推計値が発表されました。

単純に若年層のひきこもり推計値と合算して115万人超。ここで注目したいのは、中高年層の数の方が7万人強多いということです。ひきこもりの「長期高齢化」が進んでいることがわかると思います。

前回調査の16年に39歳だった方に視点を合わせて、彼らが大学新卒時の22歳の時を振り返ると、大学を卒業する就活時期と就職してから1〜2年でひきこもりになったと考えられます。

99〜00年あたりがそうですね。

ちょうど就職氷河期（93〜05年）**とかぶっていると言えます。**本年3月公表された調査で20年以上ひきこもっている人の割合が、約20％弱（19・1％＝約11万7000人）。**今40代のひきこもりの人たちはまさにその就職氷河期世代というわけです。**

次ページの〔図表3〕を参照ください。

この「就職氷河期世代の歩んだ25年」を振り返ると、社会に出たときから現在まで、人生設計をする上でキャリアを積んでいくには非常に厳しい環境でした。

バブル崩壊の余波となる97年には名門の都銀や証券会社が倒産、06年にはワーキングプア問題、特に**「高学歴者ニート」**が増加しました。これも91年の大学院重点化政策によって、受け皿のない博士たちが研究職に就けず、アルバイトしながら日々をしのぐという状況だったわけですよね。

08年には派遣社員の雇い止め問題。それ以降は正規・非正規の格差問題。

そして本年5月には、あの「世界のトヨタ」の社長までが「終身雇用制度は難しい」と言って物議を醸《かも》しました。この25年間は、「日本型雇用慣行＝働き方」の大変革期だったことがわかります。その渦中で社会への入り口も出口も見えない環境に就職氷河期世代が晒《さら》されたことは事実です。

［図表3］就職氷河期世代の歩んだ25年

1993年	1997年	2006年	2008年	2019年
就職氷河期の はじまり	北拓・山一 金融破綻	高学歴 ワーキング プア問題	派遣切り 雇い止め	終身雇用制 難しい発言
バブル崩壊 失業率増加	大企業 神話崩壊	高学歴 信仰崩壊	雇用崩壊 貧困化	日本型 経営崩壊

どう頑張っても報われない環境

手っ取り早く言えば、準備する前に世の中のルールがコロコロと変わってしまっていたからですね。

　もちろん、就職氷河期世代をひとくくりで「ひきこもり」と結びつけるわけではありませんが、あまりにも職業の選択肢、受け皿を社会が用意できなかったことも大いに関係していると思います。就職氷河期世代が「失われた世代《ロスジェネ》」と表現されるのも頷《うなず》けますよね。

世の中が既得権を守ることに汲々《きゅうきゅう》として就職氷河期世代を社会参加させづらくするほど「ひきこもりの壁」を〝結果的に〟作っていたことになります。

　次の第2章で、ケーススタディを見て

いきますが、就職試験200社にエントリーして「全滅」だった場合、**「お祈りメール（不採用通知）」**をもらうたびに「私の何がいけないんだ！」と自分を責めてしまうのではないでしょうか。これでは、劣等感を増幅させてしまうだけです。**特に真面目な人ほど「自分はできないヤツだ！」という頑丈な「劣等感の壁」を作ってしまいます。**

それこそ「私の人生は何なんだ！」と叫びたくもなるかもしれません。

社会は「ひきこもりの壁」を若者に作り、そこに若者は「劣等感の壁」を上塗りする。その壁をぶち破るには、本当に社会が、具体的には雇《やと》い入れる会社が大きな理解を持たなければ、壊すことができないでしょう。

こうした時代環境が115万人を超えるひきこもりを生んだ背景にあることは、確かではないでしょうか。

中高年のひきこもりと「自己責任」の呪縛

さらにこの25年間はお金の価値が高く、物やサービス、そして人の命の価値までも

下がった「デフレ」時代ともかぶったせいか、異様に厳しい言葉が個人に迫ってきました。そう「自己責任」です。

何の関係もない人たちを巻き込んだ凄惨な事件が起こり、ネットでは「自己責任（ひとりで死ね）」の大合唱となっていました。

この「自己責任」という言葉は、おそらく2004年頃、つまり就職氷河期時代、日本の構造改革（新自由主義の流れ）時代に頻繁《ひんぱん》に使われはじめたように記憶しています。そして、それが飛び火するように形を変え、今では「バッシング」をしたり、「正論」を唱える時に「自己責任」という言葉を用いて、いわば代名詞のようにこの言葉が繰り返されています。

「なぜ？」、「なぜ関係のない人を？」という不条理さからくる心情が理解できないわけではありません。僕も激しく心を痛めました。恐怖も感じました。しかし、いえ、だからこそ僕は「自己責任」とくるのではなく、他人事ではなく、「共同責任」として考え続け、行動に移さなければならないと思っています。

ロスジェネ世代は、世の中に振り回され、傷ついた挙句、さらに自己責任と言われ、突き放される環境にあるとしたらかなり生きづらいはずです。

これでは真面目な人ほど、傷ついてしまうのではないでしょうか。ましてや世の中から「壁」を作られ、また自分でも「劣等感の壁」をこしらえてひきこもってしまった中高年＝特に就職氷河期世代の40代の人たちはさらに自分を責めてますますひきこもる悪循環です。

もちろん、そうした圧迫の暴力に屈しない「ひきこもらない」強い人（鈍感力のある人）もいますが、人間はそんなに強くできていません。

では、どうして強い人と弱い人に分かれてしまうのか。

心が弱いからなのでしょうか？　精神って人によって変わるのでしょうか？

そんなことはありませんよね。

僕がひきこもりと発達障害の関係があると考えるのは、心すなわち内面の問題ではないところに原因があると考えているからです。

人間の行動は「内面から生まれている」と考えがちですが、実は「環境」によって行動が決まると僕は考えます。つまり、脳の器質と心の問題を切り離して考えます。

たとえば、就職活動で希望通りにいかなかった人は、就職氷河期世代には多くいたと思います。なんとか次にチャレンジできた人と撤退してひきこもった人との違いは、ズバリ発達障害が関係あるのではないかと思えるのです。それは、心がタフかそうでないかとは関係ないと僕は考えます。

元ひきこもりの僕は、「どアスペ（超弩級のアスペルガー症候群）」です。アスペルガー症候群の人の多くが、非常に強い劣等感を持っています。

もちろん後天的な劣等感もあるでしょうが、先天的に障害のために幼少期から「できない」ことに直面せざるを得ず、**多くの失敗を積み重ねて劣等感を増幅しなければならなかった経験によるものではないでしょうか。**

失敗を重ね続けた劣等感への過剰な恐怖、不安の認知が具体的な生活の場面で、たとえば、就活の問題や会社での生きづらさの問題と関係し、ひきこもりにつながったのではないかと思います。

そういう意味で、**どこかであなたが生きづらさを感じた時に、それはいつからはじまっていたのかを冷静に思い出してみれば、実は幼い頃からその生きづらさの根っこはあったのかもしれません。**

たとえば、小学生の頃から「黒板の文字をノートにきちんと収めることができなかった」、成人してからも「ページの枠内に規律よく書くことができない」というそんな自分に、ひそかにコンプレックスを感じたりしていませんか。

今の生活や働いている職場において、たまたま生きづらさを感じなくて済んでいたならば環境が合っていたことになり、それはよいことなのですが、ただもしその「できない」がどこかに潜在しているとすれば、何かの拍子に失敗を重ねたり、環境が変わったりした時に突然、生きづらくなってしまうこともあります。

潜在的な劣等感が元となり、それが膨《ふく》れ上がって、ある日突然にひきこもってしまう危険性は、誰しもないとは言えないのです。

では、それを確かめるべくセルフチェックをしてみましょう。

誰だって「ひきこもる」可能性があるんです

次ページの〔図表4〕を参照ください。これは僕のセッションで来談者に質問していることを「ひきこもりチェック診断」としてまとめたものです。

ひきこもりでない方も、ぜひ、チェックしてみてください。

はい「○」、いいえ「×」で回答する簡単なチェック診断です。

〔図表4〕「ひきこもり」チェック診断

以下の問いにあてはまるかどうかを「はい・いいえ」で回答ください。

	問い	はい…○／いいえ…×
1	得意なことを伸ばすより、苦手な分野を克服することに躍起になる。	
2	学生時代に勉強面や作業面などで、あまりにも多くの失敗体験を積んでいる。	
3	収入がなくても生活ができる豊かな環境が用意されている。	
4	特に問題のない集団であっても、そこにいるだけで大きなストレスを感じる。	
5	雑談を中心としたコミュニケーションに強い苦手意識を持っている。	
6	長期にわたって不登校をしていた経験がある。	
7	口頭における言語（耳で聞いた話）の記憶と理解が苦手である。	
8	（男性）融通が利かないデジタル派の思考である。（女性）言動が限りなく男性寄りである。	
9	責任感が強すぎて、自分の些細な失敗を必要以上に大げさにとらえる。	
10	心身が強くないのにワーカホリック状態となってしまう。	

	問い	はい…○／いいえ…×
11	行き過ぎた完璧主義ゆえに手の抜きどころを知らない。	
12	「0」か「100」の理想主義者であり、その弊害に気がついていない。	
13	失敗したり、人から否定されたりすると、それらを延々と反芻する。	
14	慢性的な疲労や体調不良を抱えている。	
15	病的なまでに繊細で傷つきやすい。	
16	自己完結的なモノ作りや遊びが好き。	
17	「こうせねばならない」、「こうであるべき」という思い込みが激しい。	
18	やるべきことを先延ばしにした時、どうにかなってしまった経験が豊富。	
19	問題が起こった時、親や周囲が解決してくれた経験が多い or 解決してくれる環境にいる。	
20	総合職の事務処理のような同時並行で行わなければならない仕事が苦手。	
21	単にアドバイスされただけなのに、「否定された」と受け取ってしまう。	

22	何らかの強い知覚過敏（視覚・聴覚など）を持っている。	
23	極端に飽きっぽい性質で転職を繰り返す。	
24	新卒の就職活動で大きな失敗をした。	
25	自分の適応できる、あるいは力を発揮できる環境を知らない。	
26	劣等感による未来への強い絶望感を抱えている。	
27	依存症的な傾向を持っている。	
28	抑制機能が病的なまでに弱く、やるべきことをやれない。	
29	暴力や自殺未遂を起こせば親をコントロールできると経験上知っている。	
30	発達障害やＬＧＢＴなどの多様性を認めようとしない環境に身を置き続けた。	

［診断結果］

「はい…◯」が５つ以上ある場合は要注意！

それ以上は数が増えるほど、「ひきこもり予備軍」（「適応障害」や「依存症」などを発症）となり、「短期ひきこもり」→「中期ひきこもり」→「長期ひきこもり」の状態となってしまう可能性が高まります。

現在、「ひきこもり」で悩んでいる方もセルフチェックをしてみてください。客観的に自分を見ることで〝気づき〟につながり、なぜか生きづらさを感じているその要因を探しあてることができます。

いかがですか？　5つ以上ある人が多かったのではないでしょうか。

つまり誰しもが、ほんのちょっとしたボタンの掛け違いや判断ミスが元で、予想していなかった方向に進んでしまうこともあるのです。客観的に自分を把握することは、生きる上で実に重要であると言えます。

そもそも「発達障害」って何だ？

現在、発達障害に関して世間で市民権を得た現象だと僕は感じています。

今、日本人の10人にひとりの割合で発達障害だと言われています。文部科学省が2012年に行った全国の公立の小中学校の調査では6・5％。40人のクラスなら2〜3人は発達障害だったというデータも公表されています。

またすでにいろいろな著書やネットの専門サイトや、あるいはNHKなどの公共放送でキャンペーンなども行われ、**多くの人たちが自分の「生きづらさ」を感じた時の根拠として「発達障害」という答えを求めているのが現状ではないでしょうか。**

特に「コミュ障（コミュニケーション障害）」との関係で「発達障害」という言葉が多

用されています（僕自身もまた、幼少期の自閉症を克服した後、「アスペルガー症候群」となり、人付き合いは超苦手。発達障害の典型でした）。

また、〝普通の人〟は、自分の苦手なことや欠点を正当化するツールとして、他意も悪意もなく、半ば「ネタ」のような感覚で「発達障害だから」などと表現することもあるようです。現在、「発達障害」と「発達障害という言葉」は、それぞれにひとり歩きしてしまっている状態なのかもしれません。

いずれにしても、こうしたいわば〝発達障害ブーム〟を社会学の立場から批判する評論家の方も現れ、ある種の社会現象になったというわけです。

ただ、僕は、そんなことはどうでもいいと思っています。

そもそも生きづらさを抱えている当事者が、少しでも本人がラクになるなら発達障害のお墨付きを与えてあげればいいくらいです。ただ、本物の障害者とはしっかり「区別」して行うべきだとは思いますが。

逆に言えば、日常生活に支障をきたすほど「生きづらい」と考えている方はいます。たとえば、どうしようもないくらい朝起きられない、遅刻するなどの問題を抱えている人や、相手の目を見て話せないなど社会生活で支障をきたす人は多いです。

その悩みの原因がわからないまま、自分を責め続け、しまいには適応障害や依存症、うつ病などの第2次障害をきたし、不登校や会社に行けずにひきこもりになったりする場合が多いことも皮膚感覚で感じます。特に僕のセッションに来る多くの人たちはそのパターンです。ならば、「ラクにしてあげたい」がカウンセラーとしての僕のスタンスです。

そこで、発達障害についてひきこもりとの関係を考える上で、以下のことを確認しておきます。

再単純化して話します。

発達障害とは、生まれつきの脳の機能障害で、日常生活に支障をきたす障害です。特にできることとできないことの能力的な凹凸の差が大きく、僕は「凹凸症候群」と認識しています。しかも、何度も確認しますが、これは病気ではないのです。

ただし、この「でこぼこしている」能力差は本人に対して非常に「生きづらさ」を与えます。

発達障害とは以下の3タイプに大きく分類できます（『DSM－5（精神疾患の診断・統計マニュアル第5版）』米国精神医学会版／2013年）。

ADHD（注意欠陥・多動性障害：Attention Deficit Hyperactivity Disorder）
ASD（自閉症スペクトラム障害：Autism Spectrum Disorder）
SLD（限局性学習障害：Specific Learning Disorder）

これらをザクッと説明します。次のページの〔図表5〕をあわせて参照ください。

ADHDとは、不注意が多く、多動、多弁で行動に衝動性が強い特徴があります。

ASDとは、コミュニケーション方法が独特であり、社会的な対人関係作りに困難が生じたりするが、特定の関心やこだわりが強い特徴があります。

SLDとは、知的発達に遅れはないが、読み書きなど一部の学習能力に困難が生じたりする特徴があります。

僕自身もASDの中に分類されたアスペルガー障害にあたります。

ただ、この3つのうち「これだけが当てはまる」という人はあまりなく、人それぞれに障害の軽重があり、重なりあっている場合もあります。

また、正常と概念的には定立されている「定型発達（発達障害でない人々）」と言われる人でも、ある部分の発達障害が認められる「グレーゾーン」の場合もあります。

〔図表5〕発達障害の3タイプ

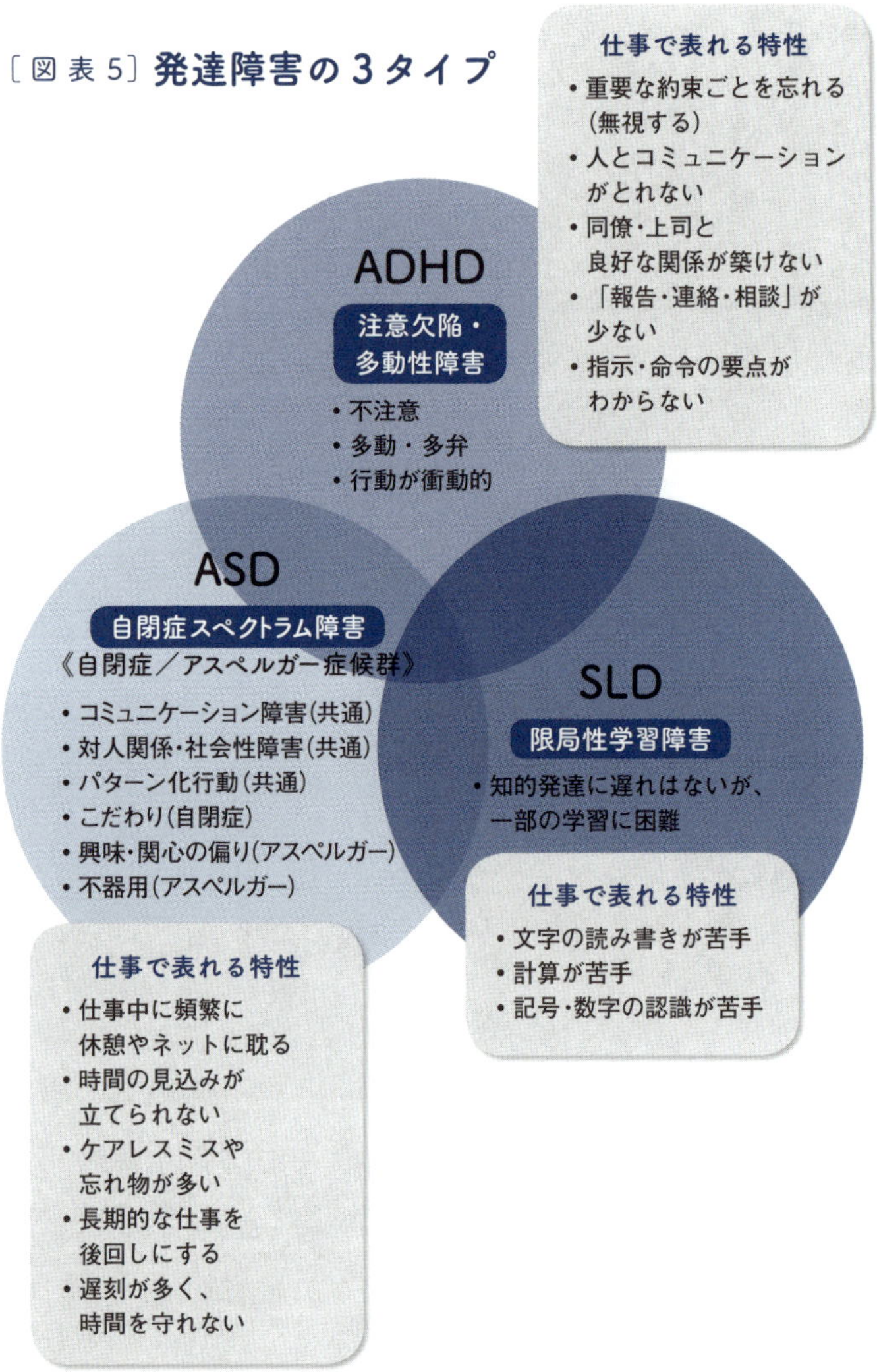

仕事で表れる特性
・重要な約束ごとを忘れる（無視する）
・人とコミュニケーションがとれない
・同僚・上司と良好な関係が築けない
・「報告・連絡・相談」が少ない
・指示・命令の要点がわからない
ADHD
注意欠陥・多動性障害
・不注意
・多動・多弁
・行動が衝動的
ASD
自閉症スペクトラム障害
《自閉症／アスペルガー症候群》
・コミュニケーション障害（共通）
・対人関係・社会性障害（共通）
・パターン化行動（共通）
・こだわり（自閉症）
・興味・関心の偏り（アスペルガー）
・不器用（アスペルガー）
SLD
限局性学習障害
・知的発達に遅れはないが、一部の学習に困難
仕事で表れる特性
・文字の読み書きが苦手
・計算が苦手
・記号・数字の認識が苦手
仕事で表れる特性
・仕事中に頻繁に休憩やネットに耽る
・時間の見込みが立てられない
・ケアレスミスや忘れ物が多い
・長期的な仕事を後回しにする
・遅刻が多く、時間を守れない

厄介なのは、そうした人が今までうまくしのいでいたことが、ある年齢で障害となったり、つまり、本当はできなかったことを「騙《だま》しだまし」こなしていたのに職場などでパフォーマンスを発揮できなくなったときに自分に劣等感やストレスを与えてしまうということになるのです。これが最近多くの人が感じる**生きづらさの正体（メカニズム）**ですね。

ここからそうしたストレスに心が折れて、たとえば、適応障害やうつ病になったり、依存症となったりしてしまうんです。

さらに挫折、ミス連発により次第に職場での関係性、特に仕事上での信頼感が減退し、「他人が恐く」なり、それがもとで人は簡単にひきこもりになったりしてしまうんです。

「ひきこもり」は第2次障害

それでは、ひきこもりと発達障害の関係とは、具体的にはどのような流れで生じてしまうのでしょうか。

次ページの**〔図表6〕**を参照ください。

たとえば、元ひきこもりで**ASDの僕の場合では、こだわりが強く、人付き合いも苦手で特異な行動をとっていました。学生時代は教室内の空気が読めず、また周囲に合わせることができませんでした。これが、第1次障害です。**

当然、周りのクラスメイトも無理解で「ヘンなヤツ、キモい」的な扱いを受け、**イジメにも遭《あ》いました。発達障害の子どもは、非常に劣等感が強く、必要以上に凹みます。こうした過剰なストレスが続き、やがてトラウマとなって、その逃れられない苦しさから不登校となり、ひきこもりになってしまった――。これが、第2次障害です。**

で、ここが重要なのですが、ひきこもりの人の特徴として、学校や職場でイジメられたり、無視されたりする原因を自分のせいにします。

「オレってダメなヤツなんだ」と。そうするとますます悪循環は続きます。ひきこもりの人は真面目な人が多いですから、とにかくどんどん劣等感を増幅し続け、自分の存在価値を否定し続けます。

そうするともう他人と関わることができないほどになりますよね。誰かが親身になって関わろうとしても拒否するので、ひきこもりは延々と、それこそ何十年も続い

［図表6］「ひきこもり」は第2次障害と認識する
～元をたどれば「発達障害」からはじまった場合～

図表の見方
①「発達障害」に気づくのが早いほど「ひきこもり」を未然に防げる。②こじらせる前に「発達障害」に向き合ってみる。③長期ひきこもりであっても遅くない。今は人生100歳時代。「今から」「いつでも」改善できる。
★印は「発達障害」を知るチャンス。プラスにとらえるタイミングです。

内包期（ひきこもりの起因）

［第1次障害］
発達障害に気づかない（生まれつきの脳器官障害を知らない）［幼少～］
なぜか人と違う（他人から理解されにくい言動をとってしまう）
★発達障害を改善しない（または対処を間違う／しつけの問題だと取り違える）
▼
・他人から理不尽な接し方をされる［小・中学～高校］
（いじめ・言葉の暴力などを含む）
※脳が健常ならば克服できる場合もあるが、
脳に未発達な部分を持つ発達障害はストレスに弱く自己評価が低い。
▼

このあたりから表面化

・または単なる「性格」ととらえ発達障害に気づかない（特に成績優秀者）
▼
・受験・就職で失敗し、挫折感［高校～］
・なぜか社会に適応できず心が折れる（特に就職後）［大学・社会人］
▼
［第2次障害］
適応障害・依存症・不安障害・うつ病・パーソナリティ障害・パニック症候群・対人恐怖症
★これらの症状が発達障害に起因（合併症）
していることに気づかない（適切な対処を間違う）
▼

問題なのに隠蔽・逃避化（直視しない）

ひきこもり初期 人が恐い／傷つきたくない／他者と関わらない［20代～ 1～3年］
★一時的なこととして放っておく／原因を探さない
▼
ひきこもり中期 Aパターン：自分責め型（私なんて存在価値がない）
［30代～ 7年］ Bパターン：他人のせい型（自らを正当化して社会を批判）
※どちらも強い劣等感から発生する感覚
★このままではマズイと感じているのに環境を変えない／
原因を他に探そうとする
▼

長期化・問題深刻化

ひきこもり長期 ［40代・50代 10～30年］
★本人・家族にようやく問題意識が出てくる

てしまうのです。

「それってホントにあなたがダメだからなの？　あなたの人格に問題があるの？」

いいえ違います。

あなたの先天的な脳器質の特性に原因があるのかもしれない。だとしたら一度、立ち返ってみる。

ひきこもりの人の負の連鎖は、自分の性格、心、精神などの内面的な原因を延々と責め続け、抜け出せなくなっている場合が非常に多いのです。

無条件の自己肯定感を得る「生きやすい」環境

僕のところに来るひきこもりの人たちはだいたいこういう状況を繰り返し、長期にわたって苦しんでいます。

そしてしまいにはあらゆることにムダな恐怖感を増幅させ、さらに苦手なことに対して過剰反応してしまいます。もう生きづらさどころの話では済まないほど荒廃してしまっているのです。

「もう、その苦しい状態やめませんか？」

僕は彼らに「自分と向き合うべき場所」が違うことを教えていきます。

「あなた自身の価値がしっかり見えてますか？」と過剰に萎縮《いしゅく》した恐怖の認知を解きほぐしていきます。

第3章でお話ししますが、僕は整体マッサージの才能があります。あまりに凝《こ》り固まった狭い思考の幅、その可動域を広げるようにひきこもりの本人に直接指導します。運動、ストレッチや呼吸法も指導し、今置かれている「マイナス思考」の環境を整えていきます。

ひきこもりの人たちの問題はそもそも「生きやすい」環境に生きていないことにあるのです。

生きやすい環境とは何か？

それは無条件の自己肯定感を得られる環境です。

決して**「本当の自分探し」**をするようなロマンチックな環境作りではありません。

そもそもそういう自分探し自体が無駄でダメな思考法ですから。

「自分のトリセツ」の作り方

先に**メタ認知（自己客観化）**の話をしましたが、生きやすい状態にする前提として僕**はひきこもりの人たちに「トリセツ」――「自分自身の取扱説明書」を作ってもらうようにしています。**

とはいってもそんなに仰々《ぎょうぎょう》しいマニュアルではありません。

はっきり言ってメモでいい。

ひとかたまりの文章や日記にする必要はまったくないのです。いつでも確認できるように「活用」できればいいのです。

それともうひとつ。ひきこもりから脱出するには肉体改造的なトレーニングが必要です。デスクワークであっても、肉体労働であればなおさら他人（社会）と協力関係を築きながら行動する「労働」にはたどり着けません。

次のページの**〔図表7〕**を参照ください。

これは僕自身の「トリセツ」です。

［図表7］自分のトリセツを書いてみよう

か

のメモ（リマインダー）で
箇条書きに

（例）たとえば、吉濱自身の場合…こんな感じです

・小学４年生までは自閉症・半狂乱のパニック。

・自分の中の「絶対のルール」がある。

・ひとつのことにトコトンこだわれる。

・当時、イジメにあった。たぶん「ヘン」だから。

・数字が好き。電卓叩き４時間ぶっ通し。

・集中力があるのは「どアスペ」だから。

・毎日「悪夢」で眠れない。30歳まで熟睡ナシ。

・→なぜだろう。睡眠障害の理由は？

・アスペは祖母も父もあった。母はなかった。なぜ？

・アスペルガーの長所を伸ばすことに集中！

＊書き方は本当にメモ程度でよい。自分の過去と向き合うと
　自分の思考・行動・好悪などパターンが見えてきます。

［効果］自分をモニタリングでき、コントロールする視点を獲得

メタ認知で自分自身がわかる

僕も自分がどんな人間であるのか、どういうところでつまずいてきたのかなどをより客観的にモニタリングしたことをノートやスマホのリマインダーに箇条書きに書いています。

自分の得意だったこと、自分が子どもの頃にやらかしたこと、情緒不安定になったこと、自分が今でも疑問に思っていることなどを走り書きする。

そうすると自分の行動・思考・好悪の感情などのパターンが見えてきます。

見えてきたら、次々とよい連鎖がはじまります。

苦手なことであっても失敗を未然に防いだり、ピンチとなってしまわないような工夫ができるようになります。

〝予測〟できるようになり、ひいては自分をコントロールできるようになります。

今まで劣等感に襲われていたことが冷静に対象化され、「できない」の負のスパイラルから「できる」の連続に転化していく感覚が持てるようになり、過剰な不安感も和らいでいきます。

運動する前に筋肉がつらないようにストレッチする――そんなイメージです。

自分自身ひきこもりだった当時は、自分を観察し、自分の特徴、気づいたことをノートに手当たり次第に箇条書きにしていました。

いつでも閲覧できるように、メモをする。

それでいいのです。

僕のセッションの目的は、ふたつの柱があります。

①発達障害のマイナスの症状を減らすこと
②職業に直結する才能の自覚を促し、進展・活用させること

の2本柱です。

ひきこもりの人の多くが、また再び「働きたい」と希望しています。

ならば、一緒に働く未来の仲間に自分を「正確に」知ってもらい、伝えるようにしなければなりません。そのためにはまず、自分の認知の歪《ゆが》みを直さねばなりません。

それにはこのトリセツが大いに役立ってきます。

自分の才能、特性が客観的にわかり、仕事の適性も見えてきます。

さらに、スポーツでチームメイトに自分の得意なプレーや、弱点を共有してもらうだけでも戦い方が劇的に変わるように、自分にとって働きやすい環境にするには、正確にまず自分を知ることが決定的に重要なのです。

自己肯定感を得られる環境に自分から働きかけるだけで、社会復帰の道は近づいてくるからです。

第2章

暗闇から手を伸ばせ

【7つの実例】ひきこもりの絶望から脱出できた理由

暗闇から手を伸ばす「ちょっとした勇気」

これまでお伝えしたように、僕の元を訪れたひきこもりのみなさんは、ほとんどが発達障害（グレーゾーンも含む）の方です。発達障害が引き金となり、結果として「ひきこもってしまった」ケースばかりです。

また、何度も繰り返しますが、**発達障害は病気ではありません。僕は発達障害を「凹凸が激しいゆえの生きづらさ障害」と言い換えても構わないと思っています。**そもそも専門家の間ですら、いまだ発達障害の定義が定まっていません。

しかし、「生きる」上で、具体的には社会人として仲間と仕事をする上でどうしても障害となる状況が生まれてきます。つまり、病気であるかないか議論で白黒をつけることは、ひきこもりの当事者にとっては、事態の改善とは関係ありません。

前章で述べたように、突然の「奇跡的なきっかけ」が起こらない限り、自発的に「ひきこもり」から抜け出し社会復帰することは難しいのです。

それは、「心の病気」ではなく「脳の障害」とも言えるからです。

また「自分のトリセツ（自己客観化）」が作れない状態にいるので、まずその訓練をしなければなりません。孤絶した世界、「ひきこもっている自分」の現在を理解しなければなりません。でないと、「ひきこもり」が延々と続いてしまいます。

大人のひきこもりが厄介なのはそれが一生続く可能性があるからです。悲観的に言えば、本人が餓死や急死など「孤独死」するまで続いてしまうかもしれないのです。

その意味では、ひきこもっている状態は、暗闇の中にいてどうしたらいいのかわからない状態であると思います。本人も苦しい状況だと思います。僕がそうだったように「誰かの力」が本当に必要なのです。

本章の見出しにある「暗闇から手を伸ばせ」とは、文字通り、ひきこもりという暗闇の状態から手を伸ばして、誰かの力、「協力」を求めていくことを意味します。協力を求めること＝きっかけ。まずはそこからがスタートです。

そのきっかけが僕のセッションであるならば、僕は最大限の力をもって協力します。なぜなら僕がひきこもりから脱出できたのは、結果として、他者との「つながり」を持てるようになったことが大きなきっかけだったからです。

そして今、僕は逆にその「協力」を提供することを仕事として取り組んでいます。

僕の個人セッションは、第1章の最後に書きましたが、2つの目標を掲げています。①発達障害のマイナスの症状を減らすこと。②職業に直結する才能の自覚を促し、進展・活用すること。

この2点をベースに「個々の特性に適した職業を見つける」という目的までを一貫として行っています。

この章では、僕の元を訪れたひきこもりの方の実例を挙げていきます。

「自分と似ている」、「うちの子もそうだったのかも」、「会社にこんなヤツがいた」など、思い当たる方もいるのではないでしょうか。

これから示す7つのケーススタディを通じて、まず読者のみなさんに「ひきこもりの壁」となった「理由」について「自分ごと」として向き合っていただくためにお話ししていきます。

彼らは、いかにしてひきこもってしまったのか——。

その経緯の中には、いくつもの問題点が見えてきます。しかし、実はその問題点の数々は、〝問題点〟ではなく〝**気づくチャンス**〟であったとも言い換えられます。だとすれば、気づいた時点で「ひきこもりの壁」をクリアする「チャンス」が訪れたと言えます。

彼らは、いかにしてひきこもりから脱け出したのか――。

すなわち、これからお話しする7つの実例は社会復帰への話であり、決して過去を振り返るものではありません。過去に遡《さかのぼ》って糸口を見つけ、そして未来への改善のヒントとして挙げていくものであることを強調しておきます。

暗闇から、なりふり構わず「助け」を求める、ちょっとした勇気。

それがあれば、劇的に今の苦しい状況を変えることができます。長い年月にわたってひきこもりを続けてしまった原因、そのほつれた糸を丁寧に、ひとつずつ直していく。生きづらい環境からの脱出のヒントとなればと思います。

発達障害で生きづらさを抱えている方々のパターンをまず、みなさんに実例で理解してもらい「苦手」なものを克服するのではなく、**少し軽減させながら飼い慣らすイメージで気楽に読んでみてください。**なお、発達障害と対比して「定型発達」という言葉を使いますが、これは「普通の、平均的な」人たちの呼称であり、単に生きづらさを感じていない適応力がある人を示す言葉として用いています。

それでは、さっそく見ていきましょう。

ケースA 雑談ができない、空気が読めない、女子社員から仲間はずれ

（女性28歳／ひきこもり歴4年）

大学卒業後、ある中小企業の総務部に勤務していたAさん。入社してすぐに人間関係で問題を抱えることになりました。当初は「まだ慣れていないから」、「人見知りするタイプだから」と自分に言い聞かせていましたが、いつまでたってもうまくいかなくて空回り。**同僚や先輩と何かしゃべろうとすると手や首筋にどっと汗がにじんでくる。汗をかいた自分にますます焦《あせ》る。相手の視線が怖《こわ》くて目を合わせることもできなくなってしまいます。**

最も苦痛だったのはランチタイム。社員数名と外の定食屋に行くこともありましたが、たいていは女子社員同士、社内のラウンジで手作りのお弁当やベーカリーショップで買ってきたパンなどを食べるのが習慣になっていました。声をかけられて誘われるままに連れ立ってラウンジへ。

しかしAさんにとっては〝休憩の時間〟と〝みんなと楽しむ食事〟ではなく、〝過緊張の時間〟と〝おしゃべりをしながら強制的に食べ物を口に運ぶ時間〟でしかなかったのです。

話題は、芸能人の噂《うわさ》、おいしい店、ファッション、ちょっとした社内の愚痴、ダイエット話などなど、女子社員たちの話は次から次へと話題が移っていきます。

「っていうか、Aさんって、芸能人でいうと好きなタイプって誰？」

と時折、話をふられても、

「え……」とフリーズしてしまう。

「体調悪いの？」

「え？　別に（Aさんの頭の中では、体調悪いように見えるの？　なんでそんなこと聞くの？）」

「仕事で何かあった？」

「はあ？（ないけど）」

Aさんは質問の意図がわからず「なんで？　もしかして私、何か失敗した？」とあらぬ方向へ思考が飛ぶ。

会話の意図が読めず、リアクションのないAさんに周囲は白けた雰囲気。あっという間に違う話題へ……。

Aさんは空気が読めないのですが、周囲から向けられた不愉快そうな表情は感じとれるので、落ち込む日々が続きます。

意を決してコミュニケーションを取ろうと試みたこともあります。ですが、話の流れと何の関係もないセリフで割り込み、人の話を横取りした格好となってしまい、大ヒンシュクを買っただけになってしまいました。

Aさんはコミュニケーションを取るのをあきらめました。これ以上、傷つきたくなかったのでしょう。昼休みはランチタイムを取らず、パソコン画面に向かいながら、ひとりでスナックやチョコレートを食べるだけ。ますます女子社員たちはAさんを敬遠するようになりました。

隔月で行われていた部署内の飲み会があってもAさんだけには知らせない、さらに

［第２章］暗闇から手を伸ばせ

連帯責任の失敗のはずなのに、Ａさんひとりが失敗したかのように仕向ける、といったイジメにも発展していきました。

Ａさんの態度を見かねた上司は、Ａさんを呼び出しました。その上司は決して威圧的な言動をするような人物ではなかったのですが、その時のＡさんにとっては、責められ、ダメ出しをされているようにしか聞こえません。女子社員たちからイジメに遭っていることも言えないままです。

「何か困ってる？」

「……（困ってるけど言ったらいけない気がする。でも言った方が？　でも何を言ったらいいのだろう？）」

「構わないから言ってみて」

「……（私が何を言えばこの人は納得するんだろう？）」

「困ったなあ」

相手から見れば、Ａさんはただだんまりを決め込んだだけの人間。日々、繰り返されるこの状況に上司はついに「馬鹿にしてるのか」と激怒。

そしてＡさんは結果、自主退職を余儀なくされました。

以後、転職を試みたAさんですが、結局、同じことの繰り返し。**3つめの会社を辞めた時、ついに心が折れてひきこもってしまったのです。**

＊　＊　＊

そんなAさんの学生時代の話です。Aさんには古民家を改造したカフェを巡《めぐ》るという趣味がありました。大学時代にはネットで見つけた同好会に入り、少人数ながらも趣味を語り合う仲間もいました。

Aさんのカフェ・リポートは評判がよく、仲間と一緒にカフェに行くこともありましたから、自分がコミュニケーションの取れない人間だとはまったく自覚していませんでした。

それはつまり「興味の対象が同じである」、「話の着地点が見えている」、それらがあったから会話が成り立っていただけで、ランチタイムの女子社員たちとのとりとめのない雑談、気にかけてくれた上司からの質問が何を求められているのかわからず、適応できなかったのです。

典型的な発達障害です。Aさんは、ひきこもりとなってからは、唯一の趣味だったカフェ巡りもしなくなってしまいました。

［ひきこもりからの脱却：吉濱セッション］

発達障害のある方の多くが雑談が苦手です。

ですので、それをうまくこなせないと「ＫＹ（空気読めない）」な人だと仲間はずれにされ、時には「イジメ」につながることもあります。特に学校や職場では誰もが「同調圧力」を強いる環境にさらされます。もともと共感力が低く、好きなことと嫌いなことがはっきりしている発達障害の人にとって「意味のない」雑談が続くことは耐えられないのです。要するに、**職場とは、仕事以前のコミュニケーションを「強いられる」場所であることを意味しています。**

さらに、それは会社・学校ごとにそれぞれ異なった「**空気**」があったりします。なので、職場ごとの空気をつかむための労力は、またストレスとなりますので、どんな会社のどんな職場でも通用する方法をＡさんに提示しました。

まず「雑談とは外国語である」と認識してもらいました。

外国語を習得する際は、その国で暮らして日常生活で覚えていく、文法を学んで言葉のしくみを学んでいくなどの方法があるのと同様です。

Aさんにとって「雑談」とは「未知の外国語」ですが、言うまでもなく使う言語は日本語ですから、相手の言っている言葉自体は理解できる。それならば——

①意図がわからなくても、聞くふりをしてヒアリングする。
②しゃべらずとも「笑顔」を作る。これによって雑談への参加表明となる。

そのようにたとえて指導しました。「雑談」とは単にコミュニケーション、「雑談に参加している」という姿勢でのぞめばいいのです。

これらをベースとして、**会話をボイスレコーダーで録音します。後から聞くことによって俯瞰《ふかん》（メタ認知）で雑談を観察してもらうのが目的です。そうすることによって、雑談というものは基本的には本質や目的などはなく、「無意味なのだ（＝着地点を求めない、真剣に聞き過ぎない）」ということを認識していきます。**

続いて「オペラント学習」の強化。

オペラント学習というのは、たとえば実験で「ボタンを押す」→「エサが出る」と

いう動作＝経験を繰り返すことで、ネズミが自発的にレバーを押すようになるという行動「オペラント条件づけ」を応用したものです。

何か発言したならば即座に褒《ほ》める（自分自身でもいい）などのオペラント学習をすることによって、言葉を発することに快感を得る、そこまでいかずとも嫌悪が大幅に減るので発言しやすくなります。

アスペルガーの人たちは、**雑談を口にすることに気持ちよさを感じていない、あるいは不快と学習してしまっているから、より言葉が出にくくなっているのです。**

彼女には雑談で詰まってしまった箇所を書き出し、それに対して適切であろうと思われる返しを記載した脚本を定型発達の女性に作成してもらいました。それを一人二役で実践的な口調で読み上げた直後に、オペラントの手法を使ってもらいました。もともと覚えることは得意だったため、苦痛なトレーニングではなかったようです。

その後、Aさんは自らの特性を把握し、再就職に挑みました。

当初はコミュニケーションを要求されない入力作業の事務職に就こうと考えましたが、一般職にチャレンジ。自分なりの工夫を試したかったそうです。

今の職場ではトレーニングで習得した策を実施しながら、職場の仲間にはあらかじめ自分の特性を説明し、改善したいので遠慮なく指摘してほしいと伝えたところ、数人から理解を得ることもできました。どうしても不安になってしまった時は、「何か私やっちゃいましたか？」と自分の方から聞けるようにまでなりました。そんな時は変われた自分に対して自分を褒めてあげるそうです。

そして大好きだったカフェ巡りも再開させています。たまには立ち止まりながらでも一歩ずつ、周りとの関係を壊さずに自分の居場所を見つけ出し、社会復帰を果たしています。

ケースB　体調不良がひど過ぎる、朝起きられない、仕事中に機能停止

（男性32歳／ひきこもり歴10年）

Bさんがひきこもりとなったのは、3社目の転職先、出版社に勤めてからのことで

した。アトピー性皮膚炎だったため、一日中、顔や首をさすり、背中をモゾモゾさせて落ち着きがありません。心配してくれた上司は、週に2回、2時間ほど仕事を抜けて皮膚科へ行くことを許容してくれたそうです。

しかしBさんの問題点は、そこではありませんでした。**とにかく遅刻が多いこと、さらには仕事中に居眠りをしてしまうのです。**Bさんは当初、「睡眠時無呼吸症候群」を起こしているために日中に突然睡魔が襲ってくるのではないかと考え、診察も受けました。しかし診断結果はそうではありませんでした。

「そんなに身体が弱いんだったら、ちょっとは鍛えたら？」

と上司から言われ、本当は5分でも10分でも長く眠りたいBさんでしたが、いたしかたなくジムに入会。ランニングマシーン20分＋腕立て伏せ・腹筋などを組み合わせてトレーニングを試みました。Bさんはヘトヘト。そして翌日、朝起きられずまたもや遅刻。それでも上司からのプレッシャーを感じてジムに通い続けました。そしてある日のこと、耐えられないほどの強烈な疲労感が襲いかかり、**自分が今どこにいるのかを認識できなくなり、頭は真っ白、フリーズ状態となり気を失いました。**

会社側は、正社員からアルバイトへと切り替えて、週に2～3日の勤務にすること

遅刻多い
ハッ
ハッ
ゼェ
仕事中
居眠り…
ZZZ…
コクコク
正社員
から
バイトだ！
ははっ
上司
会社を辞めた
Bさんは
ゲームに明け暮れ
寝ても覚めても
ゲーム！
ゲーム!!
ひきこもり
10年

を勧めてきたため、Bさんもさすがに自分の状態を悟って受け入れました。これでBさんは完全に自信を失くしてしまったのです。

実はBさんは都内にある某有名大学の法学部出身。この法学部は国内の大学の中で1、2を争うレベルで、それはBさんのプライドの拠り所でもありました。

遡ってみると、小学校・中学校の体育の授業はほとんど見学。授業でも居眠りが多く、家でもほとんど勉強することがなかったのですが、テストだけはいつも90点以上の成績優秀者でした。

また、Bさんには、一種の特殊能力がありました。

それは目で見たものを脳に写真のように焼きつけることができる「直観像記憶」というものです。教科書のテスト範囲、受験に必要な参考書を難なく暗記。そのおかげで有名大学の法学部もあっさりクリアできたのでしょう。ちなみに、かのレオナルド・ダ・ヴィンチや建築家のアントニオ・ガウディ、ゲーテなどの偉人たちはこの「直観像記憶」が備わっていたのではないかと言われています。

学生の頃は、体力を〝省エネモード〟にしておけば問題は生じませんが、社会人ともなればそうはいきません。

アルバイトに格下げになった居づらさからBさんは退職。都内のアパートを引き払い、実家に戻りました。

週に一度、1~2時間、チラシをポストに投函するアルバイトに出かけるだけで、それ以外は家にひきこもって**「テレビ→寝る→ゲーム→寝る」**の繰り返し。チラシの量は通常の人の半分の量なので収入は月に1万円未満です。母親の作る食事には手をつけず、コンビニ弁当やカップラーメンなどを食べ、お金がなくなれば冷蔵庫をあさる。部屋には空のペットボトルや食べ残しの弁当、山積みになった雑誌が崩れ落ちているような状態、いわゆる**「汚部屋《おべや》」**の中で暮らしていました。

僕の元を訪れた時は、ひきこもり10年。アルバイトもまったくしなくなっていた状態でした。

さてこんなBさんですが、これが発達障害と何の関係があるのでしょうか。ただ単に身体が弱かったから――と考えがちですが、ではいったい「身体が弱い」という原因は何なのか。その原因を一度考えてみる必要があります。

発達障害がある場合、慢性疲労症候群とまでは診断されないのですが、常に「ダルさ」、「眠気」、「無気力」に苛《さいな》まれています。それは脳のある器官の働きが過覚醒や機

能低下を起こしているためで、本人のやる気ではどうにも解決できない状態にあるのです。

[ひきこもりからの脱却：吉濱セッション]

Bさんのケースのような場合、いきなり身体を鍛えるトレーニングをやろうとするのは、とんでもない間違いです。もともと疲労と疲労感が強いところへ爆弾を落とすようなもの。続くわけもありません。本人の心も折れてしまいます。

僕はBさんとの個人セッションで、すぐに「低血糖症である」と推察しました。過去の数多くの来談者と同様、顔色や身体つきに低血糖症のサインが出ていましたし、実際の食生活は前述の通りです。

病院で血液検査をしてもらったところ、やはり血糖値が極端に低い低血糖症でした。活動に必要なエネルギーが不足し、支障をきたしていたのです。

そしてこの低血糖によって、最も影響を受ける場所が〝脳〟です。脳が代謝するための材料として「糖分」が大きな役割を担っています。不足すれば言うまでもなく脳機能は低下、意識障害まで起こしてしまいます。これは、僕がそうだったからです。
僕は以下のプログラムを作り、Bさんに実践してもらいました。

●**低血糖症対策の食事法**↓主にパン・ご飯・パスタなどの炭水化物を控《ひか》える。

●**ビタミンB群のサプリメントの摂取**↓サプリメントを毛嫌いする方がいますが、使い方により有効な働きをします。極端に足りないものはまず補うこと。他の栄養との相乗効果も生まれます。

●**睡眠時間を増やす**↓改善するまでは「眠い時は寝る」＝「睡眠が必要だから眠い」とまず眠くならない状態を作ります。

●**丁寧なストレッチ**↓足の指先から首・頭までゆっくり伸ばします。血流がよくなり脳にも酸素が行き渡ります。

●**立ち方・歩き方を正す**↓正しい姿勢によって脊柱から脳への血流が改善します。歩く際のかかとからの刺激は脳に心地よさをもたらします。

●**有酸素運動**↓最初はほんの数分から。酸素が脳と身体に少しずつ行き渡るよう、軽度なトレーニングからとり入れていきます。

徐々に体質が改善されていくとともに、伏し目がちであったBさんは、僕の目を見て話せるようになり、表情も豊かになっていきました。ちなみにアトピーの症状もほとんどなくなり、今では皮膚科の通院もしなくて済むようになったそうです。

Bさんの得意とするものは「直観像記憶」ですから、プログラミングとウェブデザインの仕事を勧めました。まずは週に2回・2時間だけの作業からスタート。

今、徐々に出勤回数を増やしていく努力をしています。

ケースC 就職氷河期世代、200社もの就職に失敗、全滅からの自滅へ

（男性39歳／ひきこもり歴14年）

Cさんは高校・大学も人並み以上のレベルの学校の出身です。しかしCさんは就職活動で苦労を強いられました。Cさんは2003年の新卒組です。**つまり、「就職氷河期（93年～05年）」のロスジェネ世代です。**

就活での書類選考がなかなか通らない。こぎつけた第1次面接では、Cさんは人柄がよかったためにそれなりの好感触はあったのですが、自己PRがうまくできないという欠点があったため、第2次面接まではいけないことが多く、**トータルで200社もの会社を訪問しましたが、結果は全滅。**いわゆる「就職浪人」となり、翌年、就職活動に再チャレンジします。

就職浪人2年目となった際には、面接官から冷ややかな態度で通り一遍のことしか聞かれず、もともと自己PRがうまくできないCさんは黙り込んでしまいました。Cさんは以後、会社への「エントリーシート」を出すことはなく、就職活動をやめてしまいました。

Cさんは心が折れたまま、生活のために仕方なくアルバイトを転々とします。

正社員ではない自分をどうしても受け入れられず、アルバイトの扱いに嫌気がさし、徐々にひきこもるようになっていきました。

Cさんは、年収500万円以上の正社員の求人広告を中心にネット検索を続けます。かといって、見つけた会社にアプローチする気力はなく、ただ求人サイトを探るだけの日々が過ぎていきました。

キミ
才能あるよ
ぜひ！
ぜひ
ウチの
会社へ！
…今回は採用を
見合わせて
いただくことに…
お祈り
申し上げます
200社
全滅!!
オレの人生って…
就活失敗から
14年間ずっと
ひきこもって
しまいました…

また親元で暮らしているために、生活に困るということはありませんでした（この困らない環境こそが、実はよくない結果を招いてしまうケースが少なくないのですが）。

気づけば14年が過ぎ、完全な「大人のひきこもり」状態です。

その14年の間、「自分は発達障害ではないか」と考えたことがありました。**しかし診断は発達障害ではないという結果でした（実は発達障害はグレーゾーンの場合、明らかにその傾向が出ているにもかかわらず、発達障害と診断されないケースがあります）。**

またCさんは母親に勧められて、「ひきこもりの支援団体」を訪れたこともありました。月に一度、支援団体の担当者がCさん宅を訪れるようになり、Cさんとその担当者とはとても気が合い、その時は気力が湧《わ》いてくるような気持ちになったのだそうです。

ところが、行政の規定により1年間で別の担当者に変更となってしまいました。次の担当者とは気が合わなかったことから、それ以来、訪問を断るようになり、支援団体との関わりをやめてしまいました。

就職氷河期世代のひきこもりにありがちなのは、最初から正社員を目指してしまうこと。発達障害の方は完璧主義な面が強すぎて「正社員でなければ意味がない」と決めつけてしまいます。融通《ゆうずう》が利かないのです。

理想が高いことは一見いいように思えるかもしれませんが、結局、何も変わらない状態が続くのであればまったく意味のないことです。臨機応変に社会と関わっていくことが今の時代にふさわしいと考えます。

［ひきこもりからの脱却：吉濱セッション］

Cさんとの個人セッションを行った後、**僕はCさんは軽度のアスペルガー症候群を中心とした隠れ発達障害と判断しました（僕は医師ではないので、最終的には医師に判断を委ねています）**。

Cさんには、**まず「正社員」や「終身雇用」にこだわる考えを変えてもらうため、「正社員」および「終身雇用」のデメリットを書き出してもらいました**。たとえば「満員電車に乗らなければならない」、「時間通りの就業時間が窮屈」、「嫌な上司がいても我慢しなければならない」など。

これは自分の頭の中にあった物事の本質の部分を列挙することで、**物事を客観的に**

見られるようにするトレーニング法です。

この方法は、Cさんがこだわっていた「正社員」が本当に自分に適しているのかどうかを考え、「自分を俯瞰で見る」というメリットもあります。**つまり「メタ認知」です。**

僕はさらに2パターンの働き方を提案しました。

ひとつはアルバイトか派遣社員からはじめ、身体を社会に慣れさせ、将来的に正社員を目指していくこと。いきなり理想を叶《かな》えようとするのではなく、スモールステップで積み上げていくイメージです。

そしてもうひとつは自営業をはじめること。そのために英語とコンピュータプログラミングを勉強することを勧めました。

それでもまだCさんは「正社員」へのこだわりが強く残っていましたから、僕はしつこく繰り返しました。

「派遣社員はスタートさせましたか？」

「まだです」

翌月も翌月も、その翌月もまた聞いてみます。

「で、派遣社員は？」
「……まだです」
一歩一歩進めていく〝スモールステップ〟＝「まずは派遣社員から」という意味を、まっとうに理解するまでに半年を要しました。

時間が過ぎるだけでなんら状況が変わっていないという状態を、本人に気づいてもらうには、「第三者」が介入し、伴走者として指摘してあげるべきなのです。そうでないと本人はなかなか自覚に至らないものなのです。こうしてようやくCさんは派遣社員として社会との関わりを持つようになりました。

仕事に慣れてきた頃、プログラミングの勉強とプログラミングに必要となる英語の勉強をはじめ、「副業」で収入を得られる準備に取りかかりました。今はネット時代、自宅にいても仕事はできます。

僕は今後の日本では自営業が有利になる側面がふんだんに出てくると考えています。

Cさんのひきこもり期間は14年、年齢は39歳になっていましたが、「自営」というキーワードに未来への光が見えたようです。

Cさんは自宅の部屋の壁に「もう39歳×」、「まだ39歳◎」と書いた手作りのボード

を貼りました。

やる気になってきたCさんですが、**僕はダメ押しで「自営業の利点」を書き出してもらいました。**

「自分のペースで仕事ができる」、「自分で時間の配分を決められる」、「仕事量を決められる」、「休みたい時に休める」など。

これも自分で考えさせることで、自分の生活の具体的なイメージにつなげていく効果があり、目的を達成するためのよい方法です。

以上を踏まえ、「派遣社員としての勤務」、「勉強の時間」、「趣味の時間」を組み立て、その上で**「トークンエコノミー法」**というものを用いました。

トークンエコノミー法とは、一日の予定をこなしていく度《たび》に、スケジュール表に○をつけたり、シールを貼ったりして、自分の行動が達成できていることを〝目で確認する〟ことを指します。

増えていく○印やシールを見る度にそれが脳にインプットされ、自分がよい方向へと導かれていっているのだ、と自らを客観的に見ることができるのです。

Cさんとの個人セッションの期間は2年間でした。

彼は41歳から新社会人として新たなスタートを切りました。
そして現在、開業に向けて勉強に励んでいます。

ケースD 「男性脳」の女子、ADHDに気づかず、完全に孤立

（女性28歳／ひきこもり歴5年）

Dさんは、自分が女性でありながら女同士の雑談、いわゆる「ガールズトーク」を苦手としていました。読者の方の周りにも女同士よりも男性のほうがしゃべりやすいという人がいるのではないでしょうか。

しかしDさんが問題なのは「苦手なのに自覚がない」こと。

これは自覚がないためにひきこもりへと転落してしまったというケースです。

学生時代は、単独で行動することがほとんどで、図書館でひとり本を読み、映画を観るのもひとり、食事もひとり。会社に入ってからも、帰宅の途中で行きつけの飲み

屋に寄り、そこでたまたま隣になった人（主に男性）とおしゃべりを楽しむ。そんな「おひとり様」が日常でした。

Dさんは、軽度のADHD（多動・衝動性優位型）が入った女性。よく見られる典型的な症状で、発言や行動が男気質、空気を読みながら相手に合わせて会話をするのが苦手です。着地点のないガールズトーク（雑談）などはいったい何がおもしろいのかさっぱりわかりません。

たとえば噂話で盛り上がる女子たち。

「あのふたりってちょっとアヤシイよね」

「そうそう。この前、私、ふたりで歩いてるの見た！」

こんな時にDさんは内心でバカバカしい話だなあと思いながら「だから何？」と口に出してしまうことも。

または、女性同士が買ったばかりのキャラクターグッズを見ながら「カワイイ〜」などと話をしていても、まったく興味が持てないため、横目でちらっと見ただけで近くに寄っていくことはありません。たいていの女性ならばあまり興味がなくても、多少のサービス精神で「私にも見せて」と仲間に加わっていきます。**これは敵意を持っ**

ていないことを表現する女性特有の手段であり、女性同士のコミュニティを保とうとする〝**女性の能力**〟でもあります。

太古から女性は集団行動を常とし、独特の感受性によって多くの情報を得ながら相手の様子を探り、その集団のバランスが取れているかどうかを確認する習性＝脳機能が備わっていると考えられます。

社内の女性社員からは、入社当時から「なんか話しにくい」、「クール過ぎる」と思われていたようですが、徐々にそれだけでは済まなくなりました。Dさんはガールズトークは苦手でも、**男性との会話ならば極めて上手にできます。それゆえに反感を買ってしまったのです。**相手の男性も楽しそうにDさんの話を聞く、Dさん自身も相手が男性だと気の利いた会話ができるので、どうしても男性との交流ばかりになってしまいます。

Dさん本人は決して男性にモテたいからそのような行動をしているわけではなく、単純に男性とは話しやすいから話しているだけなのです。そうとはいえ、周囲の女性からはDさんが男性に媚《こび》を売っているようにしか見えません。

そしてDさんは化粧っ気のない〝**隠れ美人**〟でもありました。ファッションにもこ

今日飲みに行かない？
ぽん
いいよ行こう
許せない!!
イジメてやる！
なんなのあのコ…
憎悪
反感
嫉妬

だわりがなく、それが逆に清潔感があって男性からの好感度は高かったのです。

こうしたことがますます女性たちの嫉妬心を煽《あお》り、Dさんは女性社員たちからイジメの対象となっていきました。

ある日、Dさんは後輩の女性から「相談があるんですけど聞いてもらえますか」と言われました。普段はほとんど接触のない後輩からの思わぬ話に驚きましたが、もともと言葉の裏を読んだり、疑ったりしないDさんは、後輩と食事に行くことを了承しました。

相談内容は、その後輩の女の子が付き合っている彼氏の話でした。話を聞いていくとセックスの悩み。後輩の女の子はどうしても開放的になれないことに悩んでいると言い、Dさんは、自分を信頼してくれて、他の人には言えないようなプライベートな話を打ち明けてくれたのだと思い、親身になって自分の経験も含めてDさんなりにアドバイスをしました。

〝頭が男子〟である女性は、いわゆる〝姉御肌〟の気質を持ち合わせているので、話の方向性が見えないガールズトークは苦手でも、解決を求められる相談ごとについては、むしろ得意。一生懸命にどうしたらいいのかと解決策を探してあげようとしたというわけです。いかにも男性的な発想です。

後日、また別の女性社員から似たような相談ごとがありました。この段階で「何かおかしいな」と思わないのは、〝頭が男子〟のADHDの特性のひとつで、**「裏を読まない・裏を読めない」というものがあるからです。**

その後まもなく、Dさんは「男癖が悪い」、「男好き」などという陰口を言われるようになりました。Dさんが後輩の悩み相談の際に話した自分の男性経験は、いつの間にか女性社員のみんなに知れ渡っていました。

それどころか話した内容が**「男性の魅力を話す」→「男好き」、「セックスは相手を思いやることだから大事にしている」→「セックス好き」と話をおもしろおかしい方向へと歪曲《わいきょく》させ、さらに尾ひれまでつけて社内の男性との「二股」、「三股」などいわれのない下品なウワサまで出てしまったのです。**

そのあらぬウワサによって、もともと仲が悪くなかった女性社員からも距離をおかれるようになり、Dさんは完全に孤立。仕事にも支障が出てきました。

Dさんは、自分は何も悪いことをしていないのになぜ「イジメ」に遭わなければならないのかと理不尽な思いにしか至りません。

そして一晩中眠れずに出勤したある朝、**怒りをぶつけるような形で「退職願」を提出。**最悪の形で会社から離れることになりました。

以後、Dさんは部屋で突然過呼吸になったり、めまいが襲ってきたりという症状が頻繁に起こるようになっていきました。思うように家事もできず、生活が荒れていきました。ある程度片付いていた部屋も散らかり放題にモノが散乱。

「このままではいけない」と思いつつも、どこから手をつけたらよいのかわからず、気力も湧かない。さらに気力が湧かない自分を責める。そして思うのはいつも「なんで私がこんな目にあうのか」というもどかしい思い。腹が立つものの、怒りと自信喪失を繰り返すうちにふさぎ込む方向へと進みました。

やっとの思いで人と接することの少ない事務のアルバイトをはじめてみましたが、どうしてもやりがいを見出せず、また落ち込んでいくだけ。落ちていく自分を認めたくなくて、昔の友人から連絡があっても会わない。今の自分を見られるのがつらい。そのうち友人に返信することさえできなくなっていき、友人からの連絡もやがて途絶えてしまいました。

Dさんは自分の状況が、自分が望んでいるものと大きくかけ離れていることに苦しみ続けました。

「ひきこもりからの脱却：吉濱セッション」

Dさんのケースは、雑談に必要なネタを長期記憶から検索するワーキングメモリや感情共鳴を担うメタ認知を司《つかさど》る前頭葉の脳機能に問題があることが直接的な要因と考えられます。

社会生活の中では女性も男性も常に一緒の空間にいますから、うまくやっていくにはバランスを取らなければなりません。

女性とのコミュニケーションが苦手ならば、敢えて自分の方から女性へと話しかけることです。

Dさんの場合、「とりとめのないガールズトークはまったくできない」と自覚し、その代わりにたとえば流行りのスイーツを買ってきて、一緒に食べながら、話題はスイーツに絞《しぼ》ってトークをするといった〝ピンポイント〟の話題を用いると会話を成り立たせやすくなります。**自分を安売りしない程度の気遣い（敢えて悪い言い方をすれば**

（「恩を売っておく」）を心がけます。

多動・衝動性優位型の性質を持つ人の中には、本人が主導権を握るとDさんのように姉御肌というよい持ち味が出る場合が多く見られます。

また、Dさんはもともと頭脳明晰。責任感も強く困難なことでも最後までやり遂げる才能を持っています。

多動・衝動性優位型のADHDに気づいたDさんは、日常生活での女性との付き合い方を工夫しつつも、やはり男性ばかりの職場に身を置くことが自分に合った環境であると思い、建築の請負会社で働きはじめました。

最初は派遣社員だったのですが、2年が経つ頃、正社員登用のオファーを受けました。今では本領を発揮。建築現場から戻ってきた社員たちから〝**頼れる姉御的存在**〟**としてのポジションを獲得しました。**

Dさんは自分自身「水を得た魚ってこういう感じ?・」と笑っていました。ひきこもっていた時には見られなかった笑顔です。

ちなみに、Dさんは男性を相手にする接客業にも向いていると悟り、昼間の仕事に支障のない範囲で「副業」として（副業が認められているようです）、試しにナイトクラブでアルバイトをはじめてみようと考えています。

ケースE 聴覚過敏が過ぎて、物音ひとつで家中を破壊、うろたえる親

（男性42歳／ひきこもり歴24年）

ひきこもり歴24年のEさん。**僕の元を最初に訪れたのは当人ではなく母親でした。**

Eさんの家族や親戚は音楽に関わる職業（小学校の音楽教師、ピアノ教師など）が多く、Eさんも将来は何らかの音楽関係の仕事に従事すると思われていました。Eさんは**「絶対音感（任意の音の音高を絶対的に理解し、その音を正確に知覚し、再生する能力）」**を持っており、聴いた音・メロディーなどをすぐさま再現できる才能がありました。

しかし、絶対音感を持っていたためにそれが後にEさん自身と周囲の人を苦しめる原因となってしまいました。Eさんは行き過ぎた「聴覚過敏」をあわせ持っていたのです。

Eさんは両親の期待に応えて音楽大学に入学しました。しかしそこでは全国から集まってきた音楽の才人たちとの実力の差を感じ、激しい劣等感に苛まれていきます。そして数か月で中退。ピアノ奏者としての道をあきらめ、学生生活にピリオドを打ってしまいました。もちろん、Eさんに限らず、音大を卒業しただけで簡単にプロのピアニストになれるわけではありませんよね。

実はEさんは、高校2年生の時からうつ症状がはじまっていました。受験というプレッシャーで精神が疲労し、大学合格の通知に喜ぶどころかうつ症状は進み、とうとう外出もできなくなってしまいました。Eさんは両親と相談して、しばらく自宅で休養することにしたのですが、運動もせず、友達と会うわけでもなく、一日中家にいる生活が続いたため、さらにうつの悪化を招いただけでした。

1年が過ぎた頃には、元来持っていたマイナス思考が手伝って、自分に対するダメ出しを繰り返していました。

頭の中では「なぜあの時、ピアノがうまく弾《ひ》けなかったのか」という後悔や、人前でミスして恥をかいたことなどがフラッシュバックとなって次から次へと押し寄せてくる。悪いイメージの堂々巡りが延々と続き、何もできずに3年、5年、7年と過ぎ

小学生の頃
あなたは優秀なのよ
絶対音感を持っているので才能発揮
将来はピアニスト！
でも聴覚過敏で…
音大に入ると…
もっと頑張らないと…
オレ才能ない
ガシャ
ガシャーン
ワーッ!!
ズガッ
あの時恥かいた!!
どうしたのかしらうちの子…
ひきこもって7年…
恐怖と不安は暴力へと…

ていきました。もはや、Eさんは「慢性的な怒りと恐怖感」を抱えるひきこもりとなってしまったのです。

Eさんは家で荒れまくります。

毎日のように「俺がこんな風になったのはお前のせいだ！」と母親に向かって怒鳴るEさん。

「〇〇さんはこんな風にして練習してるわよ」、「もっとがんばって」など、母親の励ましの言葉は他人と比較されたという惨めさでしかなく、過去のことを今のことであるかのように怒りをぶつけてきます。

これはマイナス思考の人がマイナスの記憶をわざわざ見つけてくるという悪循環の形です。

聴覚過敏も強まり、ドアを開ける音や食器を洗う音などの生活音が鋭く響いてくるようになり、物音ひとつでもEさんはわめきたて、テーブル、椅子、食器、あらゆる物を破壊する——。

母親は息子の凶暴な行動が恐ろしくて何も言えず、とにかく物音を立てないようにして暮らしていたそうです。

そして24年もの歳月が経った時、母親がある心療内科から僕の行っている個人セッションの話を聞き、僕の元を訪れたというわけです。母親はすでに71歳の高齢者。この先が不安で仕方ないと繰り返すばかりでした。

［ひきこもりからの脱却：吉濱セッション］

まず母親からEさんの幼少期の様子をうかがいました。

小学生の時のEさんは身体が弱く、頭痛や微熱が続くことが多く、学校は休みがちでした。母親はピアノのレッスンにだけは厳しく、学校を休ませている時でも症状が軽いと感じた時は自宅のピアノには向かわせていたとのことでした。Eさんも期待に応える形で練習をしていました。

またピアノコンテストでEさんは3位に入賞したことがあるのですが、優勝できなかったことへの落ち込み方が激しく、しばらく口を利かなかったことがあったといいます。

母親はそんなEさんを負けず嫌いな性格だと感じたため、3位入賞という好成績を褒めるのではなく、さらに厳しくレッスンをするように叱咤《しった》激励したそうです。

さて、先にお伝えしておきますが、ここで僕が言いたいのは、親の教育が悪かったということではありません。

定型発達の脳を持つ子どもは厳しく育てても、達成できた喜びと共にその厳しさや苦しさを糧《かて》にできる能力を持っています。

発達障害がある場合は、脳の自尊心を司る部分が未発達であるため、少しストレスがかかっただけでも必要以上に劣等感を持ってしまうのです。

Eさんの母親が幼少期の様子を見て、我が子を〝負けず嫌い〟と解釈したように、小学生ぐらいの年齢では、まだこの発達障害に気づきにくいのです。それが中学・高校になると、人間関係は少しずつ複雑になっていき、自分と他人とを比較する機会も増えていくため、自己評価が低いEさんは第2次障害として次第にうつ症状を引き起こしていったと考えられます。

Eさんに対しては、まず大元の悩みである聴覚過敏を和らげることからはじめました。用いたのは**「ゲートコントロール理論」**です。

ゲートコントロール理論とは、たとえば、「痛みがある場所をさする」→「痛みが

和らぐ」という現象がなぜ起こるのかということを説明した理論で、専門的な説明は省略しますが、新しい感覚が入ることで、すでに感じている痛みが中和され苦痛が軽減される仕組みのことです。

そうすることで、脳はその苦痛をもたらす因子がさほど脅威ではないと学習するため、注意がそこに集中してしまう「気にしい」の状態も緩和されます。結果としてストレスも大幅に緩和されます。

Eさんの場合、余計な「音の刺激」とは「痛みでしかない」と置き換えて考えます。その上で、携帯用の電動マッサージ器を握らせて、伝わる振動をしっかりと感じさせながら恐怖の対象である音をまず小さく30秒ほど聴かせていきます。そしてうまくいかなかったとしても即座に褒める、を繰り返し、慣れてきたならば少しづつ時間と音量を増やしていき、恐怖を軽減させていきました。

しかし改善できたとはいえ、残念ながら脳機能の障害というものは完全には治すことはできません。

もともと先天的に備わったものですから、改善した後は上手に付き合っていくことが大事です。

Eさんは発達障害を理解してくれる会社を探すことにしました。

最近では雇用の確保という意味もあり、発達障害の方を受け入れる会社も現れてきました（「障害者雇用促進法43条第1項」では、従業員障害者の法定雇用率が義務付けられている。民間の法定雇用率は2・2％）。

神経が異常に疲れやすい人のために仮眠室が用意されており、一定の時間内ならばいつでも仮眠してよいという制度が設けられていたり、Eさんのような聴覚過敏の方には外部の音を遮断するためのヘッドホンをつけてパソコンに向かう業務に従事してもらったりなど、それぞれの特性に合わせ、それぞれの工夫が許容されています。

与えられた業務の結果を出せば、自分のペースに見合った時間帯、業務時間も決められます。

Eさんはまず週に2回・4時間の単純なパソコン入力作業からはじめました。

もともとはすさまじい集中力を持つEさんは、作業スピードが速いだけではなく、じつに正確です。

会社側もEさん本人もそれに気づき、さらに正確さが求められる高度なプログラミングの研修をはじめることになったそうです。

ケースF

〝脳内キング〟が炸裂、承認欲求が強すぎてゲーム依存症に

（男性35歳／ひきこもり歴10年）

Fさんは誰もが知る一流大学の出身。プライドが高く、異常なまでの自信は持っているのですが、一方で友人を作れないというコンプレックスをひそかに持っていました。幼少の頃から他人との交流が苦手で、たまにしゃべる機会があっても、人の話をさえぎり、「要するにこういうことでしょ」と話を強制終了。Fさんの口癖は「要するに」、「つまり」、「結局は」などの言葉が多く、自分の考えていることこそが最もすばらしいと思い込む〝脳内キング君〟だったのです。

大学卒業後は大手企業への就職を希望していましたが、それはかなわず中堅どころの一般企業に入社。

社会人になってからもコミュニケーションは苦手、相変わらずプライドだけは高い。通常の会話は成り立たず、一方的に自分の知識をひけらかすだけ。周囲からは、

一見おとなしそうなのにしゃべり出したら止まらなくなるという、奇妙なキャラクターと見られていました。

〝脳内キング君〟で〝上から目線〟のFさんは、上司・先輩・同僚の自分への評価が低すぎると感じ、あっさりと退社してしまいます。

自分という〝この僕〟を正当に評価してくれる会社が他にあると思ったからです。しかし、その後は転々と職場を変えていくだけでした。

そんな時期にFさんがハマっていったのがオンラインゲームでした。不特定多数の人が同時に参加できるオンラインゲームは、ゲームの中で出会った参加者と協力したり、情報交換をしたりしながら共通の目的を達成していくゲームです。そしてFさんから発信する情報が、徐々に他のゲーム参加者から頼りにされるようになりました。**オンライン上でFさんの噂と評価が広まり、ついにFさんは〝リスペクト〟の対象となりました。**

かつて私生活でも仕事場でも友人を見つけられなかったFさんは、オンラインゲームという仮想空間の中に居場所を見つけたというわけです。

自分が「必要とされている」、「頼りにされている」、「尊敬されている」という状況

一流大学 卒業!!
したものの…
会社では…
俺サマは〜
要するに〜
つまり
だから〜
偉そうに
ダメだこりゃ
要するに会社みんなバカだから…
やれやれ
退社
また負けた…
You Lose!!
俺がバカだったのか…
ゲーム依存症へ

は、Fさんの「承認欲求」を大いに満たしました。

かつて周囲から認めてもらえなかった自分の存在、それが今や〝キング〟――。

その立場を継続させるために、快感を続けるために、ゲームから離れられなくなっていったのです。

いったんのめり込むと歯止めが利かないFさんは、生活のすべてをゲーム中心としなければ気がすまなくなりました。

共同トイレ・風呂なしの安アパートへと引っ越し、そのアパートの部屋で延々とゲームを続けます。

食事は安くて満腹感が得られる麺類やコンビニ弁当などの炭水化物。銭湯には行かず、たまに鍋で沸かしたお湯で身体を拭《ふ》く程度。それもおそらく1か月に一度行けばいい方だったと想像できます。

ご家族は、なかなか連絡が取れないFさんのことが心配になり、アパートを訪れました。

部屋の中は、モノは多くはなかったものの、食べ散らかしや食べ残しが散乱、異臭が漂っていたとのことでした。

［ひきこもりからの脱却：吉濱セッション］

Fさんは、受動型アスペルガーの特性が強く出ているケースにあてはまります。

脳内の報酬系を司る部分の機能が非常に低く、いわゆる**ドーパミンやセロトニン**の調整が少ないために幸福感や満足感が足りません。枯渇《こかつ》した状態をなんとか活性化させようと、ギャンブルで高揚感を得ようとしたり、買い物に満足感を求めたり、最悪の場合は薬物に走ったりすると考えられます。**発達障害から「第2次障害（依存症）」を引き起こしたというわけです。**

実はFさんは、そんなひきこもりの状態を自分自身でマズイと感じていました。それなのに脱け出せないのですから、まさに依存症です。

対処法は非常にシンプル。強制的にゲームを捨てさせることでした。

もちろん激しいゲーム依存状態ですから、すぐに捨てるはずはありません。アルコール依存症もそうですが、依存症の脳内は依存している対象を手放したくないと考えているため、自然に嘘をつくような状態になっています。

Fさんも「捨てた」と平気で言っていました。それが嘘であることは目の動きで明らかです。

僕は家族の方に協力をお願いしました。いったん、Fさんを自宅に呼び戻してもらい、Fさんの部屋に遠隔監視カメラを取り付け、Fさんを監視状態においてもらったのです。

月に一度の個人セッションではその映像を提出してもらいます。そして「止めていない」、「捨てていない」状態であれば罰金を支払うというシステムを強行しました。

またFさんは糖尿病の一歩手前でしたから、低糖質の食事を徹底させて体質改善も図《はか》りました。

学生時代は、ジムでのトレーニングが好きだった時期があったと聞き、それも再開。スポーツによってドーパミンの分泌を活性化させるのが狙いです。

Fさんがある程度、体質改善・肉体改造ができてきた段階で、僕は教師や講師などの「知識やノウハウ」を伝授する職業を勧めました。

まずは実家の近所に住んでいる親戚の子どもたちに勉強を教えるボランティアからはじめることになりました。現在、実家の一室を教室へと改造中です。

ケースG

ニートの息子43歳、年金の大半を与え続ける70代夫婦

（男性43歳／ひきこもり歴11年）

このケースは、ひきこもり本人ではなく、まず親に対して意識を変えてもらうことからスタートした例です。

来談者は70代のご夫婦。一軒家を持っていましたが、おふたりは有料老人ホームで暮らさざるを得ない状況でした。

なぜなら、その一軒家で同居していた43歳の働かない息子から暴力を受け続けていたからです。

退職金と貯蓄を使い、いたしかたなくホームに入所したのだといいます。そのせいで貯蓄はほぼなくなりました。

元の一軒家に住んでいる息子のGさんは、ひきこもってから11年が経ちます。

息子のGさんの生活費は、親の年金のみ。母親が月に一度、一軒家の住まいのポス

トに年金の大半を入れます。毎月のそのやりとりだけが親子間の唯一の間接的接触でした。息子には怖くて会えません。Gさんもまた親には会おうとしませんでした。

ある日、母親がお金をポストに入れようとした際、近隣の人から呼び止められ、母親は激しく苦情を言われます。

息子Gさんは、ゴミを指定日に捨てるというルールを守らないだけではなく、生ゴミをゴミ袋に入れず、そのままゴミ捨て場に投げ捨てているというのです。そして最近では家の中からもゴミの臭いが漂ってくるようになり、非常に迷惑していると――。

苦情を言われ、そのまま帰るわけにもいきません。母親は恐る恐るGさんのいる家の中へと入っていきました。

そこはゴミ屋敷以外の何ものでもなく、床には雑誌、漫画、ゲームの空箱、生ゴミ、空のコンビニ弁当が散乱しており、中には息子が自分で切ったと思われる〝髪〟が束になって落ちていました。風呂場にまでゴミがひろがっており、黒ずんだ壁面の様子から見ても、少なくとも2~3年は使っていないだろうということは容易に想像できました。

父
ご両親が相談に見えられて
時代が悪かったんだ…
母
貯金もなくなって…
息子の暴力で家を追い出され老人ホームへ
著者
お子さんを救うため家から追い出します
えっ⁉
そして我が子を家から追い出したのです
本人は屁理屈ばかり並び立てていました
息子
ロスジェネ？
人生再設計第一世代だ？
俺の人生は何なんだ！

なぜ、こうまでなってしまったのでしょうか。

父親は、Gさんが高校の時から単身赴任で海外にいました。Gさんの就職活動の時はまったく相談に乗ってあげられなかったことに責任を感じ、罪悪感を拭《ぬぐ》いきれずにいたそうです。最初は口を利かなかった父親でしたが、僕との個人セッションを重ねることよって徐々に明らかになっていきました。

息子のGさんは「アラフォークライシス」と呼ばれる就職氷河期の年代。Gさんは就職難民の末、どこの会社にも入ることができず、自暴自棄になり、ひきこもってしまったというのです。

父親は「あの時は時代が悪くて」とか、「何もしてあげられなかったから」と過去の話と自らの罪悪感を言うばかりで、解決策を見出そうという気配がありません。

「息子は働こうと思えばいつでも働ける」、「やればできるヤツだから」などと言い、「とにかくウチの家はまったく問題ない状態だ」と、相談にきているにもかかわらず、あれこれと屁理屈を口にしていました。

現実から目をそむけ、何も問題は起こっていないのだと主張する矛盾行為です。読者の方は、このケースはさぞかし不思議なことと思われるかもしれません。しかし、ひきこもりの方を抱えた家族の心理は、実際にはこのような思考状態に陥ってしまっていることが多々あるのです。

［ひきこもりからの脱却：吉濱セッション］

このご夫婦は「息子を一軒家から追い出すべき」ということは、本当は心の奥底ではわかっていたはずです。

僕は意識下に追いやってしまっている心理を現実の意識へと変えるためにご夫婦に敢えて言いました。

「その〝罪悪感〟は子どものことを案じているからではない。親自身の自己防衛である。それは傲慢《ごうまん》である」と。そして、現在のひきこもり状態、収入ゼロ状態、ゴミ屋敷生活を続けることによって、いずれ息子に降りかかってくる生活破綻の方が、どれほど大きな罪を招くことになるのかと。

ご夫婦には、「ソーシャルストーリー」を作成していただきました。

ソーシャルストーリーとは、発達障害の人（特に発達障害の子ども）が世の中のルー

ルを認識したり、コミュニケーション方法を知るためによく用いられる方法です。

このケースでは両親に対してのソーシャルストーリーを作成してもらうわけですから、現在の状況が続いていくと、未来の自分たち（親たち）、そして未来の息子がどんな状況に置かれるのか——というストーリーを書いてもらいました（正規の方法ではなく吉濱のオリジナルが大きく入っています）。

「現在の状況が続く」→「年金を使い続ける」→「息子が働かない」→「収入がないまま年齢を重ねる」→「いずれ自分たち（親）は死ぬ」→「息子には年金の当てがなくなり収入はゼロ」

漠然と不安に陥っているのではなく、言葉・文章にすることで明確化させるのが目的です。そしてその文章を声に出して読んでもらいます。かなり酷《こく》な荒療治ですが、ご両親は思考停止状態になっているために、このソーシャルストーリーの作成とその朗読は必要でした。

目的は、息子さんのひきこもりからの脱出です。そのためには親の意識が変わらなければその先には進めない。

脳はラクをしようとするものです。

Gさんの母親は、月に一度、生活費を息子に届けるという習慣を続けていました。父親も解決策を見つけるより、現実を見ないようにしていました。

それはご本人たちの怠慢というよりは脳の習性です。いったん、慣習化されれば、その状態が脳にとっては心地よくなってしまうのです。

こうして両親の意識改革が終わった後、息子のGさんを強制的に家から出しました。家賃5万円のアパートの礼金・敷金は親が出し、2か月分の生活費としてギリギリの20万円を渡しました。

その後はGさんが自力でなんとか生活していかなければならない環境に追い込んだのです。

その2か月間で一軒家を売り払う準備も前もって済ませておいてもらいました。追い出す際は、Gさんに暴力のきっかけを与えないようにするため、両親には5人の親戚（兄弟と甥）の力を借りて臨《のぞ》むように指示を出しました。

そして以後は何があっても助けないこと。

両親には強固な姿勢を崩さないようにお願いしました。

念のためにお伝えしますが、このケースは非常にハードなケースであり、ご両親の心には「息子からの暴力」という恐怖が加わっているため、「ひきこもりの我が子を追い出す」という手段を取る際の一連のプロセスでは、細かく、緻密に、慎重に進められています。

読者の方の中には、成人になってまで家庭内暴力を起こすような子どもを追い出してしまったならば、その後、その人が世間に対してよからぬ行動をするのではないか、追い出すのは無責任ではないか、と思われる方もいることと思います。

しかし僕には確信がありました。

僕は息子のGさんと二度の接見をしていますが、外見はだらしなく不潔な状態だったのですが、会話の内容についての外ヅラは非常によかったのです。

もちろん屁理屈ばかりを並べ立てていましたが、ヒアリングしていけばいくほど、彼はよい言い方をすれば繊細、悪く言えば器の小さい劣等感のかたまりです。

一軒家を追い出される前のことですが、僕の個人セッションにくるようにと彼に名刺を渡しておいたところ、追い出されて2か月後（恐らく生活費がなくなってきた頃）に僕の元を訪れてきました。

今でも月に1回の個人セッションの約束日には必ずやってきます。

自分の屁理屈が僕には通用しないことがわかり、まず僕の提供する「食事療法」と「行動療法」を受け入れました。

僕が作ったGさん用のオリジナルメニューは、基本的に糖質制限をした「ローカーボ」の食事です。

その通りに摂取できているかどうかをチェックするために、毎日スマホで撮影したものを僕に送信してもらいます。

「行動療法」では、昼夜逆転してしまった体内リズムを戻すことからはじめました。

「起床時間を1日15分ずつ早める」。Gさんの場合はまずはそこからです。

たったそれだけで体内時計がセットアップされ、社会人としての「働く」環境づくりができました。

Gさんはまだまだ会社勤めはできていないですが、今年中にはアルバイトができるくらいまでにはなると思っています。

結局、Gさんは自分自身をモニタリングして、しっかりと向き合い、自分の取り扱い方がわかったことで、小さくても確かな一歩を踏み出せたと思います。

きっとGさんには、新しい出会いと体験が訪れ、今までにない「喜び」として押し寄せることになるでしょう。

第3章

僕はこうして「ひきこもり」から立ち直った

抜け出してみる

元ひきこもりの僕だからわかる君の「生きづらさ」

「ツトム、おまえという人間が理解できない。家から出ていってくれ」
父からそう言われたのは、今から20年前、僕が19歳の時でした。

自分でも「やっぱりな……」と思ったことを今でもよく覚えています。家を追い出された僕は友人の家を転々とし、長く居られるわけでもなく、挙げ句、**「ホームレス生活」**をしていました。ワケあって、たまたま部屋を借りられたのは運がよかったのですが、**以後、僕は7年間の「ひきこもり」状態を経験することになります。**

父との確執《かくしつ》、そして家を追い出された経緯は、すでに僕の処女作『アスペルガーとして楽しく生きる』（風雲舎／2015年）などの中でも書いてきましたが、昨年（18年）、父が亡くなったことから、今一度、当時のことや僕自身を振り返ってみようと思い、改めて書き記していくことにしました。

僕には発達障害ゆえの問題点がありましたし、今でも発達障害を抱えたままです。

それでも克服して、というか「うまく付き合い」ながら今こうして社会生活を送れています。第1章でお話しした「自分のトリセツ」を活かしながら、頭の中で何度もセルフチェックすることでコントロールできているのかもしれません。

ただ思うのです。もしあの時、僕自身、そして家族が先天的な〝発達障害〟という知識を持っていたならば、それを手がかりにして解決法・改善法を見つけられていたかもしれない——。

僕がなぜ「ひきこもり」となってしまったのか。

そしていかにして「ひきこもり」から脱出することができたのか。

僕が今、〝過去の僕〟に伝えられるものならば、

「キミは発達障害。だから生きづらかっただけ。性格のせいじゃなかったんだ」

と教えてあげたいです。そして、

「自分の特性とうまく付き合っていく方法がある。だから、発達障害を言い訳にして改善することを放棄しちゃダメだ」と。

しかし同時に、あの苦しかった7年間は僕に必要な期間であったのではないかとも感じています。

なんかテレビ番組の『しくじり先生』（テレビ朝日）みたいな感じになってきました（笑）。でも、「俺みたいになるな!!」とまでは言えません。**7年間のどん底生活、その多くの失敗の中に、今の自分を導く豊かな「知恵」の実が育っていたからです。**

この章では、僕が僕自身を取り戻し、自分の居場所を見つけるまでのストーリーをお話しします。そしてそのことは、今こうして「発達障害カウンセラー」として微力ながらも職業人として生きていけるようになったお話です。

そう、一歩踏み出すことができなければ、ヘタしたらどこかでのたれ死んでいたかもしれません。

典型的な自閉症
強烈な〝困ったちゃん〟だった僕

ひきこもりとなってしまった僕自身を語るには、幼少期の頃まで遡ってお話ししなければなりません。

3歳の時、僕は〝普通の子ども〟とは何か違う反応をすることから、両親に病院に連れていかれました。

診断は「知的障害」でした。現在では「自閉スペクトラム症」に該当しますが、当時はまだ日本において「自閉症」という概念が確立されていなかったため、「知能に問題がある」と診断されたのです。

知的障害に対する強い偏見のある時代であったため、**両親は周囲にはその事実を隠し続けることにしたようです。**

今でも記憶しているのは、**僕の幼稚園時代といえば、見るものすべてが恐怖の対象であったことです。特に人間が怖くて仕方がなく、恐怖心を追い払うために、僕は友達を突き飛ばしたり、部屋の隅っこで延々と泣き叫んだりする毎日を送っていました。**

とにかく手のつけられない〝困ったちゃん〟であったため、小学校へ進学する時期になると、幼稚園の先生から「ツトムちゃんは特別支援学級に進学させた方がよいと思います。よい学校をご紹介します」と勧めてもらったそうですが、世間体を考えたのでしょう、両親は僕を小学校の普通学級に入学させました。

小学校では幼稚園の時よりも〝困ったちゃん〟ぶりが炸裂していきます。

毎朝、決まって「行きたくない！」と泣き叫び、母親にしがみついて放さない。母親は格闘の末、なんとか僕を学校に向かわせます。

通学途中でも僕は問題児でした。横断歩道で交通安全の指導員のおばさんやおじさんが赤信号で渡ろうとする僕を制止するのですが、僕は尋常ではない半狂乱状態となり、おじさんおばさんを困らせていました。

映画『レインマン』でご存じの方も多いと思いますが、**ダスティン・ホフマン扮する自閉症のある人物は、時間通りに物事が進まなかったり、当人にとっての絶対的なルールを邪魔されるとパニックを起こします。**

その描写と同様、僕にも絶対的なルールがあって、決まった道を、決まった歩数で、決まった速度で歩かなければ気がすまなかったのです。

融通の利かない**「0」か「1」かのデジタル脳**とでも言えばわかりやすいでしょうか。デジタルといっても、きっちりしているという意味ではなく、一方ではほぼ毎日ランドセルを忘れて学校に行く有り様。

そんな僕でしたから、堅物の父からは何度も叱責《しっせき》されました。

「なぜ、当たり前のことができないんだ」

「何度言ったらわかるんだ」

「どうして人と違うんだ」

「なぜ、言うことがきけないんだ」

叱られても、その「なぜ？」に答えられるはずもなく、僕にとってはただただ「怒られた」、「怒鳴られた」、「否定された」という感覚だけが身体に蓄積されていくだけでした。

暴れまくって、ようやくたどり着いた学校でも大騒ぎ。教室の中に怖くて入っていけず、無理やり席につかされても、じっとしていることができません。

なぜなら教室は自閉症の僕にとっては〝恐怖の館〟。

黒板に文字を書く時に発するチョークの音がまるで女性の悲鳴のような鋭い音に聞こえてきたり、黒板の文字が突然飛び出し、刃物のように僕に向かって襲いかかってくるのです。

その度に僕は「ギャーッ！」とあらん限りの叫び声をあげ、椅子を倒して立ち上がる。クラスメイトは「またか……」とウンザリ。授業の邪魔になるということで、僕はすかさず職員室へと送られていました。

当然のように「イジメ」を受けた

こんな僕でしたから、そう時間が経たないうちにクラスメイトからは**イジメ**を受けるようになっていきました。モノを隠されるのは序の口で、思い通りにコトが進まないとキレる僕をおもしろがって、クラスメイトたちは廊下で僕の通り道をふさいだり、パニックに陥っている僕のしぐさをマネしてバカにしてきます。

僕の存在は、さぞかし不気味であったはずであり、僕をからかうことでその不気味さを払拭《ふっしょく》しようとする子どもなりの知恵だったのかもしれませんが、ともかく「自閉症」が広く知られていない時代であり、先生方も指導のしようもありませんでした。

また、子どものくせにマセていた僕は、やたら社会の正義についてとか、難解な言葉を使って演説したり、要はかなりヤバくて「ヘン」な人だったんです。

今思うのは、やはり「未知のもの」は「怖いもの」だということ。

まず自分や他人を「知ること」、「知ってもらうこと」が「理解」に結びついていくのだとつくづく思います。自閉症の僕は多くのクラスメイトにはやはり怖い存在だっ

たでしょうね。

そんな中、ときどき話しかけてくれる同級生もいて、こんなことを言われた記憶があります。

「よっちゃま（当時の僕のあだ名）ってさ、難しい話をするじゃん？ でもそれって大人じゃないとわかんないいんだよ。だからクラスのみんなからヘンって言われるんだよ」

そうなんです。**僕は自閉症によく見られる特別な能力を持っていました。**

たとえば、自分の興味のある宇宙や科学の専門書を1、2回読んだだけで内容を理解し、それを写真のように記憶することができたのです。大人顔負けの知識をペラペラと話すため、とんでもなく頭のよい子と思われることが何度もありました。僕は、**書かれた文字は理解できても、口頭で話される言葉はまったく理解することができない子ども**だったのです。

その様子を見ていた周囲のクラスメイトたちは、

「よっちゃまってバカなの？ 天才なの？ よくわからない」

とも言っていました。それはそうですよね。みんなには〝当たり前〟のことである「挨拶をする」、「時間を守る」、「忘れ物をしない」については何度注意されても、僕にはまったくできないんですから――。

　このような症状は今でこそ発達障害に見られる特性とわかりますが、当時の大人たちにとって僕の言動は理解できず、とまどうばかりだったことでしょう。

　僕は、なぜイジメられるのか、なぜこんなに息苦しいのかの理由もわからず、ただひたすら苦痛な通学を強いられていました。道端の花を見ながら「あの花になれたらどんなにいいだろう」と思っていました。

　誰にも何も言われず、風にゆらめきながら、自由に咲いている花――。

　僕は心の奥底から花たちがうらやましくて仕方がありませんでした。

アスペルガーになった僕

　僕のことを心配した両親は、学童保育の代わりに近所にあった塾に通わせました。塾といっても勉強を教わるのではなく、そこは子どもを伸び伸びと育てることを目的とした場所でした。

　その塾の先生は教育に情熱を持っていて、子ども心に〝子ども好きな先生〟という印象を僕は感じていました。

今振り返れば、先生自身は自分で気づいていなかったと思いますが、子どもに対して**「オペラント学習」**と**「ワーキングメモリ開発（第４章の１９８ページ参照）」**を用いていました。

先生はカンがよかったのでしょう、このふたつのメソッドは知らずとも、ほぼ完璧な指導を行っていたのです。おかげで僕の知能はあがり、言語を理解し、言語を使う能力が向上したのです。

ところが僕の身に、僕自身の今とつながる〝事件〟が起きました。

小学４年のことでした。自転車に乗っていた僕は、バスとの接触事故に見まわれ、**頭を４回も打ち付けてしまったのです。**幸運なことにまったくの無傷。脳にも異常がないと診断されました。

２日間の検査入院の後、僕は〝別人〟となっていました。

通学の際にあれほどこだわっていた道順も、いわゆる〝普通〟にこなすことができる。学校で友達に会えば、普通に「おはよう」と挨拶をする。ランドセルも忘れない。授業中も普通に手を挙げ、発言する。奇行も奇声を発することもまったくなくなったのです。

とても信じられないようなことですが、塾の教育で改善された僕の能力が、バス事故をきっかけに強化されたような、そんな感じです。

とにかく僕は、意味不明の恐怖心から解放され、「クラスメイトと同じになれた」、「普通になれた」と幸せを感じていました。両親もパニックを起こさなくなった僕を見て喜んでいました。

しかし、です。自閉症特有の知的障害が改善されたのに、僕の身に降りかかってきたのは、「アスペルガー」の症状です。アスペルガーとは、ざっくり言えば〝面倒くさい人間〟という面があります。

奇行がおさまり、両親は喜びましたが、それも束の間のことだったのです。

アスペルガーとなった僕——。僕と父との確執は、ここから本格的にはじまっていくことになりました。

ちなみにアスペルガーは今の表現で言えば、高機能における**「自閉症スペクトラム症」**の中のひとつですが、**僕がこれまで来談者の様子を見ていると、少なからず当事者の両親のどちらかに発達障害の症状が見受けられます。**

僕の父も恐らく発達障害であり、ことにアスペルガーの症状がありました。つまり、遺伝です。

さらに、父の母親、つまり僕の祖母は女性にしては珍しいほど強烈なアスペルガーの症状を持っていました。それゆえ、僕の母親は姑《しゅうとめ》との関係がうまくいかず、だいぶ母親は苦しんだようです。後に、実母は祖母の仕打ちに耐えきれず、家を出ていってしまうことになります。

極端なアスペルガーの症状を持つ母親から生まれた子どもは、何らかの形でアスペルガーの症状が出ると言われていますが、父は比較的軽い症状で、しかもいたって真面目でしたから、周囲からは「何かヘン」だと思われるようなことはなかったと思います。

それでも僕と父は、ともにアスペルガー同士ですから、似たような特徴があり、激しくぶつかり合いました。

たとえば、父も僕も他人から命令、指図されるのが大嫌いでした。

信じられないと思いますが、**食事の時に父の近くにおいてあった醤油差しを「お醤油、とって」と言っただけでキレるのです。**

指図されることが〝上から目線〟で言われたと感じるのでしょう。僕も同様、なぜか「軽く扱われた」と思ってしまうのです。

もうひとつ似た点は、注意をされたり、指摘されるのが大嫌い。人格を否定されたと思い、過剰なまでにブチキレてしまうか、あるいは、過剰に落ち込むのです。

たとえば夕方に、父が暗がりで本を読んでいた時のこと。母が「目に悪いよ。電気つけた方がいいわよ」とパチッと電気のスイッチを入れたことがありました。すると、「そんなこともわからないバカだと思ってるのか」と父が激昂《げきこう》する。母は父を思いやっていただけなのに。

僕も被害妄想がひどく、当時の僕は肥満体型だったため、ある時、バスの中で女子中学生がくすくす笑いながら話しているのを見て、「僕のことを笑ってるんだ。僕が太っているからバカにしてるんだ」とすごく落ち込んだことがありました。

自意識過剰と言われそうですが、これも**過剰反応**してしまうアスペルガーの特徴なのです。

もともと強い劣等感があり、自己否定が激しいためにそういった感情を引き起こしてしまうのです。

それは僕の中学時代以降にさらに激しくなっていきました。

「世界はオレを中心にまわっている」とガチで思っていた

僕の中学時代を顕著《けんちょ》に表すエピソードがあります。

僕には10歳年上の姉がいるのですが、その姉が僕の通知表を見て、涙を流しながらつぶやきました。

「ツトム。きっと誰かがあなたを助けてくれる。だから大丈夫」

僕は成績は悪くはないのです。

教科書を写真のように記憶できるのでテストはいつも高得点でした。

姉が泣いていたのは先生のコメント欄です。

そこに書かれていたのは、

「廊下を走りながら〝世界はオレを中心にまわっている！〟と叫ぶことはやめましょう」、「授業中に突然〝革命を起こすのはオレだ！〟などと言い出すと他の生徒に迷惑

がかかります」、「無断で校内放送を乗っ取って演説をするのはやめてください」

今思えば、自分でも「ヤバイやつ」だと思います。奇行にもほどがあります。

しかし、いったん、そういった衝動にかられると僕は自分自身を制御することができません。担任の先生に対して「教え方が間違っている」と非難し、先生が教室に入ってこられないように教室の入口に机を積み上げてバリケード封鎖をしたこともあります。

休み時間にクラスメイトが雑談している最中にいきなり割り込み、「キミが言っていることは論理の破綻が見受けられる！」などと叫び、延々と持論をぶつけ、「はい論破、以上！じゃあ！」と去っていくことなどは日常茶飯事でした。

そんな風でしたから、クラスメイトは僕を奇異の目で見ていて、その奇行ぶりをおもしろがっていました。

でも完全に距離をおかれていて、当然、近づいてはきません。

「キモい」、「キショい」、「友達にはなりたくない」、「変態」、「ヤバイ」、「いつか何かやらかすんじゃないか」、「ウザい」と言われていました。

友達はひとりもいませんでした。

母が家を出てから「砂糖中毒」に

母が家を出ていってしまったのは僕が中学2年生の時でした。

子育ての大変さに加え、姑からのいわゆる「嫁いびり」に遭ったことが原因です。母はアスペルガーとは無縁のごくフツーの性格でしたから、余計に僕をどう扱ったらいいのかわからず、心を痛めていたと思います。

悲しげな表情で僕に「しっかりしなさい……」と繰り返すばかりでした。

母が出ていき、食事の管理をしてくれる人がいなくなったために、僕は自分の好きなものしか食べないようになっていきました。

僕は甘いものが好きだったのですが、それはアスペルガーによく見られる特徴で、アスペルガーは常に高ストレス下の状態に置かれているために、常に手っ取り早くストレスを解消しようと身体が「糖」を求めてしまうのです。

それを繰り返すと低血糖状態となり、大きな負担が身体にかかります。そのために基礎代謝は下がり、常に身体はだるく、自律神経にも支障をきたします。それを解消しようとして糖分を摂る――。その繰り返しにより、理性が利かなくなります。**僕は砂糖中毒となりました。**砂糖を摂ると快楽物質のエンドルフィンが分泌されるため、その快感による負のループから抜け出せなくなってしまったのです。

まさに異常な摂取でした。

朝食は丼いっぱいの白砂糖。昼食はアイスクリーム6個・板チョコで5枚。夕食はまたアイスクリーム4個・あんぱんやまんじゅうを各2個・ケーキ2個。

これが僕の食事パターンでした。その他に白米や麺類の炭水化物、ポテトチップスなどのジャンクフードを口にしていました。

このようなひどい食生活は20歳ぐらいまで続きました。ついに血尿が出て、泌尿器科で診断された結果は**「腎臓の機能低下」**でした。腎盂炎《じんうえん》の一歩手前でした。

アルバイトでクビ9回――心が折れた

いずれひきこもりとなっていく僕ですが、もともと働く気はあったのです。いえ、むしろ働きたくて、社会と関わりたくて仕方がなかったのです。

僕はアルバイトで9種類の仕事を経験しました。そしてそのすべてが「クビ」でした。しかも、速攻でクビ（笑）。ケアレスミスは日常茶飯事ですが、その程度がフツーではありませんでした。

クビになった理由を挙げてみます。

「それは当然でしょう！」というものばかりです。

●コンビニのバイトでは、100個仕入れるはずの商品を〝なぜか〟2000個も発注してしまう。しかも毎回です。

●ドラッグストアでは、商品を陳列する仕事でしたが、ただ陳列するだけのことができない。

●清掃業務では、「掃除をする前よりも汚い」と言われる。

●道路工事の現場では、通行車の誘導がうまくできず、あやうく事故を起こしそうになる。

●牛丼店では、作業の優先順位をゆっくりと確認しながらやるのですが、僕の場合はスピードが異様に遅く、使い物にならず。

●コンサートの警備員をした時は、警備を忘れていつの間にかステージに見入ってしまう。

当然ですが、それですべて即クビです。みなさん、どう思われますか。決してわざとではないし、やる気はあるのです。ただ、それができない。

どうして僕はフツーのことができないのか――。

僕の心は完全に折れてしまいました。

なぜクビになってしまうのか、僕のどこに原因があったのかを気づくことができれば、策として「自分のトリセツ」を作り、必要以上に傷つくことはなく、以後、7年間も「ひきこもり」にならずに済んだのではないかと思うのです。

やみくもに辛い経験など重ねずに、「自分にふさわしい仕事＝居場所」を見極めていればよかったのです。

そんな僕がいずれどうなっていったのか。僕は自信がないクセに、自信のない自分を認めると余計に辛くなるので**「世の中が悪い」と現実逃避**をするようになっていきました。

反資本主義的な思想を自分に都合がいいように借りて、「人間の能力をカネで評価する資本主義をぶっつぶせ」、「働くことこそが諸悪の根源」などともっともらしい大義名分を立てていました。実にタチの悪い自己防衛です。

でもそうすることでしか自分を保てなかったのです。

この最悪の思考は、後に僕がひきこもりとなった時にエスカレートしていくことになります。

「癒し」と「スピリチュアル」にハマる

高校1年の時です。

僕はもともと関節が弱いのですが、小学4年生から中学を卒業するまでに実は野球をやっていたせいか、身体じゅうの関節が痛み出し、特に腰痛がひどくなっていきました。

砂糖中毒で身体もだるい状態が続いていたこともあり、とうとう痛みは限界に達してしまいました。

自分で整体院を探して地元をまわりました。多くの整体院の中からなぜか気になる看板が目に止まり、その日のうちに施術をしてもらうことにしました。

すると、たった1回の施術で腰痛がおさまったのです。

先生の腕のよさに驚き、本当に感動しました。また、スピリチュアル系や医療関係の話で盛り上がり、先生とは最初からとても気が合ったのを覚えています。

この時期に影響されたのがジョセフ・マーフィー（1898〜1981年、アメリカで活動したアイルランド出身の宗教家・著述家。著作は『眠りながら巨富を得る』など多数）の本です。

僕は、もともと精神世界に対して興味を持っていました。それは神秘思想や哲学に惹《ひ》かれるアスペルガーの特性とも言えます（もちろん唯物論者もいます）。

そのため僕は、必然的にというか、**あっという間にスピリチュアルの世界にハマってしまったのです。**

そうなると、もう止まらないのがアスペルガーです。僕は、人間の潜在意識、輪廻《りんね》転生《てんしょう》、死後の世界、気功などの本をはじめ、小難しい哲学書から論拠に欠けるような統合医療関係の本にいたるまで、幅広く、そして膨大な量を読みまくりました。

整体院には、週に1回のペースで通うようになり、先生とはさらに親しくなっていきました。

ある時、先生が僕の手を見て「吉濱くん、ちょっとマッサージをしてみてくれないか」と言ってきました。

先生いわく、僕の手は、手のひらが分厚く、平べったい指をしているのでマッサージや整体に向いているのだそうです。そういえば、野球の部活の時、「吉濱のマッサージが一番気持ちいい」と言われていて、すごく評判がよかったことを思い出しました。

いつも落ち着きがない僕なのに、なぜかマッサージしてあげている時だけは心が安定しているのも僕自身不思議でした。

こうして僕は、先生に勧められて、整体院で助手のアルバイトをすることになりました。

「僕のできる仕事が見つかった、もしかしたら天職かもしれない」と光が差したように思えました。

僕のマッサージはなかなか評判がよく、週に6〜7人の割合で整体の施術を続けていました。

ところがです。**ちょうど先生が僕に国家認定資格を取らせようといろいろ準備してくれた時期、突然、僕はひどいうつになってしまったのです。**

やる気が出ない。食欲はない。身体がだるい。布団から起き上がるのも億劫《おっくう》になっていました。先生は心配して電話をかけてくれたのですが、電話に出ることもできませんでした。

なんとかうつから脱した時には、数か月が経っていて、僕は先生に申し訳なさすぎて、連絡することができず、そのまま疎遠《そえん》となってしまいました。

せっかくの整体の仕事は残念な結果となり、相変わらず、僕はアスペルガー全開の生活を送っていました。

さらにスピリチュアルな世界にハマっていき、**ある本で見つけた「オーラ視（オーラが見られるようになる練習法）」を日々、重ねます。1～2か月ほどで、自分のオーラ、他人のオーラが見えるようになり、僕はおもしろくて仕方ありませんでした。**

高校3年の時には「気功」を習いはじめました。

習いはじめてすぐに〝気〟が出せるようになり、あまりにもあっさりとできたの

で、人を癒すことはやはり自分の天職ではないかとまた思うようになりました。

試しにリウマチに悩んでいた知人に手をかざしてみたところ、それまで曲がらなかった膝がその場で曲げられるようになったのです。

思えば2歳の頃から両親が風邪をひいた時、怪我をした時など、手をかざすと症状が軽減したことが何度もありました。子ども心に僕には癒しの能力があるのだとうれしくなったものです。

以後、**僕はボランティアで200人以上の人の施術を行いました。**効果が絶大だったのは、主にヘルニア、膝の変形、側弯症《そくわんしょう》など、関節を患《わずら》っている人たちで、ほとんどの人が改善というより、〝治った〟と言ってくださり、大変喜んでくれました。ボランティアなのでお金はもらいません。

当時の僕には、人を癒すことでお金をもらってはいけないというルールがあったからです（当時から気功師は普通に職業ですよね）。

また、整体の先生から紹介された**「宇宙意識研究会」**という会合にも定期的に顔を出していました。

名称はアヤシイ雰囲気ですが、ごくまっとうな人たちがスピリチュアルな話を持ち合って楽しく雑談するだけの会で、哲学、環境問題、農業の未来、社会科学などの話題について真面目に意見交換をしていました。

僕はそれまで友達がいませんでしたから、こうして集まって話ができること、自分の話をおもしろがって聞いてくれるみんながいてくれることに喜びをかみしめていました。

世間体の悪い〝事件〟を起こされたら困る

一方、学校では相変わらず**キワモノ**扱い。季節ごとに行われる席替えの時には、クラスメイトは僕にわざと聞こえるように、

「吉濱の隣だけには絶対なりませんように〜！」

修学旅行の時のグループ作りでは、

「吉濱がウチらのグループ？　マジか」

そして中学・高校卒業時、寄せ書きノートに書かれていたのは、

「みんな同窓会ゼッタイやろうね♪　でも吉濱だけは呼ばないでおこうね」

そして家族・親戚の間では、僕についての会議がたびたび行われていました。テーマは、「誰がツトムの面倒を見るのか」ということでした。

当然といえば当然ですが、**親戚からは「僕には普通の会社勤めができるはずがない」と思われていましたし、かといってほったらかしにしてしまった結果、世間体の悪い事件を起こされても困る――といった具合です。**もちろん誰も引き取りたくないわけで、話はいつも解決のないまま終わっていました。

この頃、僕は大学1年生。高校が大学の付属校だったので受験せずにそのまま大学に進学していたのです。

でも大学に通学したのはたったの5日間でした。

僕は宇宙意識研究会とボランティアの手かざしで人を癒やすことに意義を感じていたので、まったく意義を見出せなかった大学をたった5日で中退しました。後にバレますが、親には断りもなく、勝手に大学生活を捨てたのです。

いよいよホームレスとなった

父から家を追い出されるまでのカウントダウンがはじまっていました。

中2の時に母が家を出て、祖母は施設に入り、10歳年上の姉は結婚して家を出ていき、父とのふたり暮らしが続いていました。

僕の奇行ぶりは変わらず、家の前の通りで大声を出して本気でUFOを呼ぼうとしたり、リビングにロウソクをびっしりと敷き詰めて火を灯し、スピリチュアル系の鍛錬をしたり、自室にはオカルトグッズが散乱――。それはそれは好き放題に過ごしていました。

「何度言ったらわかるんだ」

「おとなしく言うことを聞けないのか」

「親がいなくなったら、おまえはどうやって生きていくつもりなんだ」

そう父から何度言われたことでしょう。

父の性格は真面目そのもので、誰もが知る財閥系企業に勤務するエリート銀行員。

人生のレールを踏み外すことなどあり得ない堅物です。そして一方の僕はと言えば、アスペルガー特有の〝脳内キング〟の絶頂期。父からとがめられて自分のやりたいことを邪魔されると絶叫し、**金属バットで家具を壊しまくることもありました。**

父と僕とが折り合いがつくはずもなく、日々、殴り合いのケンカばかり。骨折をするまでの大ケガに至ることもたびたびありました。**家庭内暴力全開**だったわけです。ただ、僕が一方的に殴るだけではなく、しっかりと殴り返してきました（笑）。

僕は父を傷つけたいわけではないので、「グー」で殴ることはなかったのですが、父も僕も引くに引けなくなり、僕が血気盛んな年齢ということもあり、結果としてそんな悲惨なことにもなっていました。

お互いにすっかり疲れ果てていた時期でした。その時がきました。

「ツトム、おまえという人間が理解できない。家から出ていってくれ」

冒頭で記したように「出ていってくれ」と言われた僕も「やっぱりな」と思ったわけですが、もちろん出ていく準備など何もしていません。父と交渉の末、出ていくまでに2か月の猶予を与えられました。

しかし僕は「どアスペ」です。せっかく2か月の準備期間があったにもかかわらず、優先順位がつけられず、相変わらず好きなことばかりをしていたため、結局、持ち物は3万円が入った財布、携帯電話、着替えのTシャツ、水と乾パン――近所にでも出かける程度の軽装で家を出ていったのです。

僕は、いよいよホームレスになったのです。

その日は、公園で野宿をしました。その後もしばらくはホームレスを続けました。公園には〝先客〟がいて、仕方なく川の土手を寝床にする時もありました。

さすがにツライものがあり、ネットカフェを利用することにしたのですが、何しろお金がなかったものですから長くは続けられません。

そんな時、僕の事情を察したスピリチュアル系の仲間が、連絡を取ってきてくれました。「仕事が決まるまでしばらくうちに居ていいよ」と寝泊まりさせてもらえることになったのです。

しかし、そんなありがたい話なのに、僕という人間は、他人と上手に付き合えるようには作られていません。「どアスペ人間」は長期にわたって同居をするなどできるはずがないのです。

結局、数日ごとに仲間の家を泊まり歩き、部屋に居づらくなると野宿をし、耐えられなくなるとネットカフェへ。その繰り返しでした。

ひとり暮らしをはじめた

難民状態を続けて数か月。手もとにはもう数千円しか残っていません。身体も精神も疲れ果てていました。追い詰められた状態で、**ふと僕には300万円の貯金があっ**たことを思い出しました。

なぜそんな大金が19歳の僕にあったのか不思議に思われることでしょう。しかも貯金の存在を忘れていたこと自体もフツーではありません。

ボランティアで〝気〟の施術をしていた時期があるとお話ししましたが、その時、長年患っていた辛い症状が治ったことに感激してくれた方がいて、その方が大変裕福であったことから「感謝の気持ちとして受け取ってくれ」と300万円もの大金を僕に差し出してくれたのです。

僕としてはボランティアで行っていた施術なので何度もお断りをしたのですが、**押しに負けてしまった僕は「それならば」とその300万円を受け取ってしまったので**

した。とんでもない大金ですから、普通ならば「いただく方が怖い」と引いてしまい、何がなんでも受け取らない人の方が多いのではないでしょうか。

その方がよい人だったから、たまたま何事もなくて済んだわけですが、疑うことをしない僕の脳ゆえの甘さを今、痛感します。

そして僕はその３００万円を銀行に放り込んだまま、すっかり忘れていたというわけです。

困窮していた僕は預金通帳と印鑑を取りに実家に向かいました。

父がいないような時間帯を見計らって家にこっそり入り、通帳を持ち出すことに成功。今思えば、勘当されて家を出ていく際に３００万円の存在を思い出さないこと自体が滑稽《こっけい》です。

「ひとり暮らし」＝「お金が必要」と直結しない生活能力のなさと計画性のなさは、まさにアスペルガーです。

それでも僕はこの貯金のおかげで部屋を借りることができました。保証人不要の賃貸物件で6万円の一戸建ての平屋が運よく見つかりました。

完全なる「ニート」、「ひきこもり」となった

ひとり暮らしをはじめたものの、仕事を探す気にはなれませんでした。**過去に9回クビになっているトラウマやアスペルガー特有の初体験への怖さからアルバイトに踏み出せなかったのです。**スピリチュアルの会合も閉会してしまい、ボランティアでヒーラーとして活動する気力もなくなっていました。

生活リズムも最悪です。**朝10時に寝て、夜8時頃にノソノソと起きてくる。**昼夜逆転もはなはだしい暮らしぶりを続けていました。夜中になると自転車で近所を徘徊《はいかい》しては、**当然のごとく不審者扱いをされ、地元を巡回している警察官からたびたび職務質問を受けていました。**

日中、部屋では延々とテレビを観ては、画面に向かって罵倒します。

「しょうもない」、「薄っぺらい哲学」、「もっともらしいこと言ってんじゃねえよ」「あ〜それは偽善以外の何ものでもないっすよね〜」、「ご都合主義な番組」、「そう言ってるオマエこそ資本主義に甘んじてる」、「論理が破綻している」などなど。**いく**

らでも悪態がつけるサイテーのヤツでした。

僕は哲学好きでしたから「人はいかにして生きるべきか」、「人間とは何か」といったテーマを考え続けていたのですが、その度が過ぎて、次第に現代の消費社会や資本主義社会に対して批判的になり、**「働くことは悪だ」という考えに至っていました。**

しかし、これはニートの僕自身を擁護する、勘違いした大義名分です。**自分でも問題をすり替えていることを心の奥底では気づいていました。**反資本主義的な思想を自分に都合がいいように借りてきて、「人間の能力をカネで評価する資本主義をつぶせ」、「働くことこそが諸悪の根源」と言っていただけなのです。

ついに発狂、警察のお世話に……

未来への不安――特に金銭的な不安は募る一方でしたが、不安になればなるほど頑なに反資本主義に染まっていきました。そして僕の労働意欲はさらに失われていったのです。

貯金を切り崩して生活する日々。目に見えてじわじわと減っていく通帳の残高。強い恐怖心を覚えます。食費を抑えるために、食べ物は基本的に安くて満腹感が得られるパスタと白米、それを塩だけで食べていました。

どうしても飽きてしまった時には、コンビニ店でスナック菓子でも買おうとするのですが、**お金がなくなっていく恐怖心は、たった100円のお菓子を買うのか買わないのかと迷わせます。**

30分以上も店内をウロウロしては何度もお菓子棚をじっと見つめる――。僕を見ていた店員さんは、さぞかし「ヤバイ客」と思っていたに違いありません。

炭水化物ばかり食べていたので、さらに体調が悪くなっていきました。ひどい疲労感とだるさに苛まれ、労働意欲など湧くはずもありません。不安と焦りが自分をさらに追い込みます。

ある時などは、**期限切れで廃棄処分される弁当をもらうために地元中のコンビニ店をまわったこともありました。**もちろんどの店でも取り合ってもらえません。当然と言えば当然、廃棄商品は必ず処分しなくてはならないという規定があるため、その是非はともかく、廃棄される商品だからといってコンビニの店員が手渡しなどしてはならないのです。

でもその時の僕は、上から目線で「だから大量消費の資本主義はダメなんだ。オレがもらってやるんだ」と食品ロス問題にすり替えていた……。

いいえ、そんな余裕はありません。

食べたい、でも、誰も相手にしてくれない――。ギリギリの精神状態でした。

何軒まわったことでしょう。ココが最後であろうと思ったコンビニ店でまた僕はしつこく懇願しましたが、やはりまったく相手にされません。

保っていた精神はとうとうキレてしまい、僕はありったけの力で「うおおおおおおおおおおおおっ」と叫び、暴れ、コンビニ店内の雑誌棚をガシャンガシャンと次々と倒しました。

店員さんは呆気《あっけ》にとられるも、すぐに警察に「通報」、即連行され、その日は留置場で1泊。僕が今、あの時の僕に会えるなら、思いっきり殴り倒してやりたいです。ただ、暴力のトリガーは、本当に「追い込まれない」限りひかれません。

僕はひきこもりでしたが、最後は貧困状態、空腹状態で精神的に追い込まれたのだと、今の時点なら冷静に考えることもできます。

自分を変える「その一歩」が訪れた

ひとり暮らしをはじめて4年が経った頃にその転機がおとずれました。

それまで僕は、穀物は玄米だけの菜食主義。動物性タンパク質はいっさい摂らない食生活を続けていました。運動は一切せず、日課は2〜4時間の瞑想だけをする。

自分の感覚だけに従い、「眠くなったら寝る」、「自然に日が覚めるまで眠り続ける」を繰り返しているうちに、朝6時に眠るというのが習慣になっていました。

当然ですが、日々、体調が悪く、情緒も不安定でした。

ある日突然、かつて読んだ本のフレーズが浮かびました。

「結果は1ミリの狂いもなく、途中経過を評価するもの」というものでした。

その瞬間、〝何か〟が変わったのです。

光のようなものが差した感じでもあり、同時に不安になる感覚もありました。

「そうか。〝今のこの状態〟は、これまでの積み重ねの結果。デタラメなことをしていたから、デタラメな結果になっているのではないか」

僕は今までの自分と向き合い、自分の奇行を含むすべての行動を検証することにしました。ひきこもっていた4年間の行動をひとつひとつチェックしていったのです。**気づいたことは、アルバイトをしていた整体院の先生が話していたのと、僕は正反対の食生活をしていたことです。**

僕はスピリチュアルの世界にハマっていたせいで、当時、先生の提唱していた**健康法や分子栄養学の知識**などは気にとめることもせず、まるでスルーしていたのです。

それを思い出したのです。

「よし！　実践してみよう！」

肉食やサプリメントの摂取を全否定していた僕でしたが、先生の話してくれたとおりに食生活を変えました。

アスペルガー特有の0か100の精神で、少しずつではなく、一気にです。

するとたったの1か月で心身が改善したのです。本当に驚くべきことです。

この時、僕は異常なまでに物事に固執してしまう自分をはっきりと認識しました。と同時に、**自分のトリセツ、そうです、自分の取り扱い方をコントロールできるようになったのです。自分をメタ認知できている実感も湧いてきました。つまり、自分**

の生きづらさの原因にあったアスペルガーのよい部分、その「使い方」をポジティブに表現することができるようになったのです。自分が世の中とうまくやっていけるのではないかという思いが芽生えてきました。それは、すなわち「どう働いていけばいいのか」という自分の居場所を見つけられる期待感でもありました。

「社会」の中で自分が働けるイメージが持てたのです。

僕は生活を改める決心をしました。それは、これからの自分の人生で、チャレンジができるという確信に近いものが(それでも今思えば、漠然とはしていたのですが)持てたのです。

「いけるぞ」という確信が。

劣等感が自分を活かす能力となった

ここからはアスペルガーの本領発揮です。スイッチが入ったのです。アスペルガー特有の**強い劣等感**は、自らをコントロールしていなければあっという間にマイナス面を深掘りしてしまいますが、**メタ認知を獲得し、自分の適性を見出し、しかもプラス**

面を活かす方向に持っていった場合は、逆にとてつもなく素晴らしい能力が発揮されます。

僕は、ありとあらゆる専門書や論文——分子整合栄養医学、行動応用分析、認知行動療法、運動療法などをはじめ、神経伝達物質や脳機能についてむさぼるように知識を蓄えていきました。**自分にとって知識が「サバイバル」と直結したからで、どんどん吸収されていきました。「自分らしく生き残るためにどうするべきか」という真剣なところまで追い込まれて初めて人は知識が役に立つのかもしれません。僕が苦手だった「勉強」とは、自分らしさを知る体験だったのです。**

その過程で得たのは、精神的なアプローチによって「心と身体の問題」を解決しようとしていたのは間違いであったということです。

「肉体の強化が情緒の安定・自己肯定につながる」

ごくごく当たり前のことを学んだのです。

そして、**僕は自らの「生きづらさ」と「ひきこもり」の一因となった発達障害とも向き合うようになっていきました。**

発達障害は心の問題ではなく、脳の機能障害です。しかも病気でもなければ、誇る

べき「自分探し」のツールでもない。ただ、生きづらさに「気づき」を与え、自分がどう生きるべきかを教えてくれるヒントであることも発達障害は教えてくれました。

そして、さまざまな専門書と論文には、それを証明する長期的な臨床研究が膨大にあることを僕は初めて知りました。

現在、発達障害についての認知度は高まっていて、医師や専門家の方々による熱心な研究が行われています。ただ残念ながら専門家や専門機関の数は圧倒的に少なく、ことに大都市以外の地方では発達障害の人たちに対応する態勢は充分ではありません。また生きづらさを抱え、社会的なひきこもりに陥っている人たちへのサポートもいまだに足りていないのが実情です。しかも、病院に行っても病気ではないので、結局は対症療法的に「薬」だけが出されて終わるケースがほとんどだと思います。

僕が自らの発達障害に向き合いはじめた約10年前の頃はなおさらどこに相談したらいいのか見当もつきませんでした。

「そうだ、これが自分の職業になる！」

直観で発達障害で悩む人たちの支援ができる――。そう感じました。

劇的変化・ひきこもりから立ち直った理由《わけ》

僕は、まず肉体の強化として筋力トレーニングをスタートさせました。

それまでは一日中悪態をつきながらテレビを見てゴロゴロしていたわけですから、身体はなまりまくりです。偏《かたよ》った動作をしていたり、身体に歪みがあったり、体幹自体も非常に弱っていました。それに気づかず、いきなり筋トレをはじめたせいで、ひどい腰痛を起こしてしまいました。歪みを持ったままで筋トレをすると、インナーマッスルが鍛えられず、外側の筋肉だけが発達してしまうので筋肉がバランスを崩してしまいます。ましてやアスペルガーは先天的に運動を司る小脳が弱いため、身体を上手に動かすことが苦手です。

以前の僕ならば、失敗してしまったらあきらめていたのでしょうが、スイッチが入っている状態ですからさっさと頭を切り替えることができました。いったん休んで、まずは身体を整えるために、**食事の改善と正しい姿勢**を身につけることにしたのです。

一見、後戻りのようですが、論理的に物事を考えれば、正しい〝回り道〟をしたわけです。**三歩進んで二歩下がる感じ、でも、一歩は確実に進んでいる感じです。**

身体が整った後は、肉体改造・行動改造を本格的に行い、最終的に5つの体系化にたどり着きました。

これを進化させていったものが、現在、僕のセッションで行っている改善法です。

「ひきこもり」や「生きづらさ」で悩む来談者の個々の特徴や症状によって微調整が入ることはありますが、たいていは以下の①～⑤方法でトレーニングをしていきます（実際のセッションではこのトレーニングが定着してきた時期から適職に向けての勉強もはじめていきます）。

①代謝に基づいた健康法（糖質制限・栄養療法・有酸素運動）
②環境を変えて行動をうながす（環境圧力）
③行動が変われば心が変わる（行動療法）
④ものごとを中立に受け止める（認知療法）
⑤才能を発揮するための習慣化（ルール化）

以下、①〜⑤の方法を説明していきます

【①代謝に基づいた健康法（糖質制限・栄養療法・有酸素運動）】

当時、僕が実行していたのは、1日3食・プロテイン・良質のオイルを摂取することでした。

食事の内容は「ローカーボ（糖質制限食）」と「必須栄養素のサプリメントの大量摂取」。ローカーボ＝糖質制限は、米、パン、麺の小麦粉、イモやマメなどの糖質を極力摂取せずに、肉、魚、卵などの動物性タンパク質を摂る食事法です。最近ダイエット法として耳にすることが多くなりましたが、低炭水化物に野菜だけしか加えないのは間違った認識であり、しっかりと動物性タンパク質を摂取しなければなりません。単に痩せたいからといって動物性タンパク質を避けると、低血糖やうつ病や心筋梗塞などを引き起こすケースがあり大変危険ですので注意してください。

サプリメントの服用の是非は、さまざまあるとは思いますが、アスペルガーの症状を改善するには有効です。なぜならアスペルガーは必須栄養素が非常に不足しやすい傾向にあります。基礎代謝、糖代謝の異常を改善するには必須栄養素が必要となりますが、もともと不足しているわけですからサプリメントの大量摂取が必要です。
ただしサプリメントの選び方、その摂り方に気をつけることです。

●栄養素の含有量が多いこと
●添加物が最低限に抑えられていること
●体内でゆっくり溶け出すタイムリリース方式であること
●天然の原材料を使用していること
●吸収率が高まる工夫がされていること

などに注意して勧めています。
肉体の強化は、**スポーツストレッチ**からはじめ、身体を作っていきました。ある時、朝の目覚めが変わり、以後は身体が喜んでいる感覚を覚えていきました。

【②環境を変えて行動をうながす（環境圧力）】
僕は、自分を改善させるために、行動分析学の専門書を読み込みました。**行動分析**

学に基づいた行動操作の手法は、僕自身の不適切な言動を改善するために有効だと考えたからです。

たとえば、部屋が散らかっていたり、子どもにとって楽しい遊び道具があると勉強に集中できません。それを見直し、勉強道具しか置かない、勉強以外にやることはないという環境を作ることによって成績が向上としたという事例は多数あります。環境を変えることで不適応な行動を抑止できるという例です。

僕の部屋はゴミを捨てられない汚部屋でしたから、まずこれを片付けることにしました。でもアスペですから片付け方の手順がわからない（笑）。なので〝捨てる〟ことだけに注視し、モノを置かないように工夫をしました。ガランとした部屋になりましたが、ストレスがなくなり、持て余していた攻撃性が激減したのです。

部屋の整理については、数年前、部屋を片付けられない来談者がいて、いくら言っても片付ける気配がなかったため、僕はその部屋の写真をメールで送らせました。**「10日間で部屋を片付けなかったら、この写真をブログにアップします」**と告げたところ、その来談者はさらされる恐怖に必死で部屋を片付けたのです。これが「環境圧力」のひとつです。

以後、その来談者は「一度きれいになったらストレスがなくなった。これまでストレスがあったことに気づいてなかった」と言っていました。

感覚が麻痺《まひ》していたのでしょう。時として強制的な圧力が必要となる事例でした。

アスペルガーは、発達障害の中でも、特に環境に影響されやすいと学んだので、僕は自分の仕事についても自分に適した環境は何か——と検証してみました。

現在、僕のセッションでも行っていますが、

●自分ひとりで仕事をしたいのか。チームでしたいのか
●単純作業が得意なのか。難しい仕事でも一点集中で取り組みたいのか
●肉体労働がいいのか。デスクワークが向くのか

などを思いつく限り書き出します。実際はもっと細かく掘り下げていきます。書き出してみると、実は意外と思い込みがあり、「デスクワークが向いていると思っていたけど、実は肉体労働の方が楽しく仕事ができていた」などと気づくこともあります。

【③行動が変われば心が変わる（行動療法）】

「心から行動が生まれる」のではなく、「行動が心を決める」と考えました。

行動を変えることによって、思考や感情を変えていくのが行動療法です。僕のこれまでの問題行動は、実は過去のトラウマや家族の問題などによる精神的なことが原因ではない、と学んだ末に気づいたのです。

僕は自分のしなければならない課題を1か月に2つと決め、実行していきました。単純な内容です。

●朝5時30分に起きる
●起きたらすぐ布団から出る

この程度でいいのです。それを続けることで「今日もできた」、「続けられている」「明日もできる」という成功体験が自信につながっていきました。

本書のタイトルにある「踏み出す勇気」とは、実際の行動では、ほんの小さな決めごとを守っていくことを意味します。僕のセッションでは、小さな決めごとをひとつ

ずつ克服することを「スモールステップ」と呼んでいます。小さな一歩、小さな勝利の積み重ねが「巨大な力」として自分の生きるルーティン（習慣）になっていくことを経験してもらうのです。習慣とはそういう行動の堆積によって作られた文化であることを自らコミットして血肉化してもらうのです。

【④ものごとを中立に受け止める（認知療法）】

「認知とは、記憶の後天的な思い込みである」という考え方に基づいて生まれたのが認知療法です。簡単に言えば「認知」とは物事をどう受け止めるか、という意味であり、肯定的に幅広く柔軟に解釈できるようになることが必要です。

そして物事を中立に受け止めるために、僕は「記憶のネットワークに肯定的な面を加える」ように認知を作ってきました。

「自分のトリセツを作る」（第1章のテーマ）にあったように、マイナスの記憶に肯定的な一面を加える作業を絶え間なく繰り返す行動によって作られていきます。

たとえば、僕の場合はこうでした。

「僕はダメ人間なんだ」と思いがちなのは、自分がアスペルガーであり、ゆえに認知が偏っている可能性がある——を前提とし、その上で、**これまでの成功体験や長所を書き出して、それらを何度も読み上げげます。**

自分を勝手にダメ人間と決めつけてしまうのは一方的な見方ではないか、と客観的に自分を認識させていくのです。

もともとマイナス思考なので、新しい認知を作るのには時間を要しますが、心が折れそうになると、この認知療法を思い出すように鍛錬を重ねていきました。

⑤才能を発揮するための習慣化（ルール化）

以上、僕は「代謝に基づいた健康法」、「環境圧力」、「行動療法」、「認知療法」を実践し続けました。トレーニングですから努力が必要でした。そのため、**これを努力というより「習慣化」としてスライドさせていくようにもっていきました。**

僕が習慣化に成功したのは、「起床時間5時30分」、「起きたらすぐ布団から出る」「1日3食」、「炭水化物を摂らない」、「腹式呼吸をする」、「足を組まない」などの基本的なことをはじめ、「身支度をしたらまずメールに返信をする」、「食後、すぐに食器を洗う」、「日中は横にならない」などです。

上記のことを自然にできている人は多くいると思いますが、僕にとっては〝すごいこと〟なのです。おかげで気持ちも前向きになっていき、積極的に行動ができるようになっていきました。

僕のセッションで基礎として大切にしている軸は4つです。

①週に2回は運動すること
②規則正しい生活をすること
③良質な睡眠をとること
④栄養を正しくとること

当たり前過ぎてつまらないですか？　目からウロコが落ちるような画期的な方法ではありませんよね。

でも、できていますか？

できていないならば、やりましょう。

この方法は、誰にでもあてはまる人生の立て直しに使える方法です。今抱えている問題点を難しく考えすぎないことが大切です。

で、**望むべくは、それを習慣化できる人間関係の場、自分がやるべきことをやれる関係性があれば劇的に成果を出せます。特に「ひきこもり」の人には、ご両親でもご兄弟でもいいですからチェックしてもらうことができれば本当に改善していきます。**

ダイエットの場合でも、「結果にコミットする」インストラクターとの関係があるから痩せるわけですよね。

僕のセッションでは、僕自身が来談者にコミットしていきます。そう考えると**環境設定とは、やるべきことを絶対にやれる関係性が築けているかどうかがカギになることは言うまでもありません。**

26歳で完全に社会復帰！

僕は24歳の時に**「気と生体による施術」、「心理療法によるバース・トラウマとインナーチャイルドの解消」**という活動をはじめました。

バース・トラウマとは「出産時における心的外傷」のこと。インナーチャイルドと

は「内なる子ども」と訳されており、子ども時代の記憶や体験にもとづく心の傷により大人になってからも影響を受けるというものです。

この活動はスピリチュアル系の仲間が僕のことを紹介したことからはじまりました。紹介からはじまったために、まだ自分で「仕事」という認識はなく、受け身であったため、ひきこもりから完全に脱出していたとは言い切れません。

しかしその後、僕のカウンセリングが口コミでひろがり、来談者が多数訪れるようになりました。

その活動から2年。僕と同じ発達障害で悩む人たちに、僕が獲得した改善法をお伝えしていくうちに、**いつしか「発達障害カウンセラー」とか「セラピスト」と呼ばれるようになり、26歳の時に「完全にひきこもりから脱け出せたという感覚」が生まれました。**

現在の仕事は個人セッションを主体としていますが、時には企業からの依頼でセミナーを開くこともあります。

相談内容は、発達障害における全般的なことをはじめ、精神面・健康面の強化、仕事の目標達成、適職に就くための訓練・アドバイスなどです。

ひとりひとり、その人の症状に合った現実的な対処法であり、精神論や根性論は皆無です。

長年ひきこもってしまった当事者やご両親がやってくる場合もありますし、「適応障害」、「うつ病」などに悩み、このままではひきこもりになるのではないかという恐怖心から相談にやってくる人もいます。

僕はこれまで2000人以上の来談者を見てきましたが、今言えることは、そのほとんどの方は非常に真面目な人が多いということです。思いやりがあり、人を傷つけるのが怖い。そして自分が傷つくのも怖い。そんな人をたくさん見てきました。

「発達障害カウンセラー」と呼ばれるようになった僕ですが、実は自分ではあまりそういう意識はありません。僕の仕事は、困っているならば助ける「よろず屋」だと思っています。生きづらさを抱えた相談者のその原因を見つけ、論理的に対処していく、その方法論を持っているつもりです。

仕事の目的は、来談者が社会の中で自分の適性にかなった居場所を持てる「きっかけ」を与えること。

「そこそこでもいいから」自分の理解者となる仲間（友達未満でも構いません）をひと

りでもいいから持てるようにすること。

そうした自分を活かすことのできる絶対的な「関係性」を実感できるようにすることです。それが職業として働けるような居場所であれば最高ですよね。まず食べていけるわけですから（笑）。

＊　＊　＊

昨年、父が亡くなったことから、僕は四十九日の法要で母と姉に会いました。実に20年ぶりの再会です。**母と姉は、僕がどう暮らしているのかまったく知りませんでした。**ネット時代ですから検索すれば僕の状況はわかりそうなものですが、「検索するのが怖かった」のだそうです。なんか事件を起こすようなモンスターになっていたらどうしようと思ったのではないでしょうか（笑）。

「ツトム、立派になったわね。私は多分、ツトムがホームレスに……ううん、なんでもない」と、**「ホームレスになっているに違いない」と言いかけた母の言葉が象徴的で印象的でした。**

ともあれ、母と姉と再会したのは四十九日の法要の時ですから、もちろん父の死に目に会っていませんし、葬式にも出ていません。

でも僕はそのことについて、ただ事実を事実として受け止めています。もしかしたら今後、父に別れを告げられなかったことを、自分自身でも何かしら感じていくようになるのかもしれませんが、今はわかりません。

誰にでも死は必ず訪れる——。

そのことをただ静かに受け止めています。

＊　＊　＊

僕は、ひきこもっていた7年間を「失われた時間」ではなく、「僕に与えられた必要な期間」ととらえています。自分の特性を見極める貴重な体験をした期間であったと思っています。逆に言えば、**7年間という連続した「ひとかたまり」のまとまった時間がなければ、僕の生きる道が与えられなかったと思います**。

ひきこもりから脱け出すことは、並べ終わったドミノ倒しのようなもので、ひとつ倒せば次々と問題点が倒れていき、解決へと向かいます。正の連鎖反応が生まれます。もし僕が10年15年とひきこもっていたとしても、脱却するまでに長く時間を要した——ということも考えられません。**いったんドミノを倒す＝スタートしたならば、たとえ僕がいくつであったとしても、同じように連鎖し、同じ時間で問題を解決する**

に至ったと思います。

第2章でご紹介した7つの実例はごく一部ですが、どの方もそれぞれに理由がありました。１００人いれば１００通りの原因があるのです。それぞれに環境があり、それぞれに事情があり、それぞれに特性があり、苦しみ方や悩み方も違います。

彼らは「なぜか人と同じことができない」、「働きたいのにうまくいかない」、「自分はダメなんだ」と理由がわからないまま、自分を責めてしまい、ひきこもりがちとなっていきました。それでも、またトライして社会と関わろうと努力をしてきました。

でも、やっぱりうまくいかない――。

原因がわからないまま、トライ&エラーを繰り返していくうちに、必要以上に傷つき、結果としてひきこもりになってしまったのです。

これまでひきこもりに悩んで相談に来られた方は、真面目な方ばかりです。真面目すぎると言ってもいいぐらいです。だからこそ改善する方法さえわかれば、彼ら・彼女らは、真面目にひとつずつステップを踏み、実践し、社会復帰ができたのです。

自分では気づかなかった能力を開花させ、自分に合った環境で、自分という花を咲かせました。

彼らは、特別な美しい花を咲かせられる能力がある代わりに、自分に合った環境を細かく丁寧に選ばなければならない気質を持った存在だったのです。

かつて僕は僕自身が嫌いでした。

僕は今でも発達障害であることに変わりはありませんが、その特性と向き合い、活かす方法を知ってから、自分のことを卑下《ひげ》するようなことはなくなりました。落ち込みそうになってもそれを回避する工夫ができます。もっと言えば、落ち込む前にそれを防ぐ方法もわかっています。

ひきこもりの期間は「失われた時間」ではなく「意味のある時間」だったと認識した今、僕は「時間」というものを大切にするようになりました。自分が生きる時間と世の中に流れる時間が自然に調和をはじめたとも言えるかもしれません。

いつでも遅いということはない。

いつでも、いつからでもできる。

ただ実行が早ければ早いほど、あなたの苦しむ時間は短くなり、自分を好きでいられる時間が長くなるのです。あなたの時間をどうか大切に思ってください。

それが**自分を活かす――「生きる」ということ**なのですから。

第4章

発達障害を「生きがい」へ変える「自分流」働き方改革

働いてみる

ひきこもりについての2、3の誤解と事実

最近、『ファクトフルネス』（ハンス・ロスリング著／日系BP社／2019年）という本がベストセラーですよね。ビル・ゲイツやオバマ前大統領が大絶賛しており、僕も手にとってみました。

ひと言で要約すれば、**「データや事実に基づいて世界を正しく見る習慣をつけなさい。妄想・思い込みではダメです」**という感じです。**私たちも本書のテーマである「ひきこもり」について思い込みによって大きな誤解をしています。だから問題が解決できないのです。**

たとえば、**僕のところに相談に来る人たちの中には元をたどれば発達障害でひきこもりになってしまった中高年の人たちで、完全に部屋から一歩も出ない人は少ないんです。**

たとえば、深夜コンビニに行ったり、ゲーム関係の商品をアキバに買いに行ったり、時には、ネットで知り合った人たちとのオフ会にまで行って、恋人まで作ったツ

ワモノまでいます。

もっとも、そんな人には、「早く職に就いて恋人と結婚しちゃいなよ、あなたはまったくひきこもりじゃないから！　ただのナマケモノです」なんて言いたくもなります（笑）。

つまり、完全に部屋から出ないひきこもりは0％近くかもしれない。これがひとつめのファクトフルネス。

カーテン閉めっきりで汚部屋にこもってみたいな人は実はあまりいません。

むしろ、親の資産があることをわかって、スマホで「ツイッター」などのＳＮＳをしたり、まだどこかで「まだまだ親のお金は大丈夫」だと思っていたり、どこかだらしない感じがあったりするのです。

彼らのご両親も口では我が子に厳しい調子で語る割には、結果として**「飯つき・風呂つき・小遣いつき」で家にひきこもらせている。見事な共依存の状態ですよね。**

僕なんか、ひきこもりの改善は、「環境を変えることが第一」だと思っているので、**「お母さん、大きな息子さんをひとり暮らしさせたらいかがでしょう」と真面目に提案**します。

つまり、心配する親も、ひきこもる子もどこかで現状を許し合い「折り合って」いることが僕の〝皮膚感覚的〟事実です。これがふたつめのファクトフルネスです。

要するに、親の経済的な余裕が長期ひきこもりの温床となっていることも事実なんです。

また、もうひとつ強調しておきたいことがあります。世の中の方もいたずらにひきこもりを「事件」と結びつけ、一部の偏向報道を鵜呑みにし、ひきこもりを安易に「恐怖の対象」にするのも事実誤認です。

もちろん、ひきこもる本人が苦しんでいるのは確かで、日々チェーンの外れた自転車を漕ぐように「自意識」と格闘しています。

しかし、どこかで社会に対する期待感があるのか、特に40代〜50代前半のひきこもりの男性の人たちの社会復帰へのイメージが「正社員サラリーマンとしての自分」をイメージしていることが多く、それがひきこもりからの脱出を難しくさせている事実。それが3つめのファクトフルネスです。

「中高年でホワイトカラーの正社員の雇用がある」と思えてしまう思考法、それ自体、まだまだ状況認識が「甘い」のです。「総合職としての正社員、もうその道はな

いですよ」と僕は中高年の来談者には、伝えます。

もちろん、一部の優秀な若者たちには用意されていますが、それでも昔の高度成長期のような終身雇用を約束された話でもなさそうです。

発達障害が武器になる「働き方改革」

しかし、今でも「働く」ということを、世間が信用する大企業に正社員として入社することだと勘違いしているひきこもりの中高年が多いのです。

もう一度言います。それはあり得ません。

第1章でも述べたように、あのトヨタですら終身雇用制の維持がむずかしいと日本型経営と雇用の転換を訴えているのです。当然、普通の会社員ですら危機感を持っています。なのに、ひきこもりの人たちは、その長い退却生活の中でどこか危機感が欠落しているように思えるのです。

でも、**この時代状況は逆にチャンスだ**と言えないでしょうか？

そもそも**あなたの就活の経験を思い出してみれば、わかりますよね。**

正社員の条件で求められたものって思ったより**平均的なフツーの能力**ですよね。**特別な才能があるわけでもないのだけれど、平均的な学歴（大卒以上）と常識と事務処理能力があり、多くのことを同時に進行できるマルチタスク能力**。与えられた仕事を効率よくこなせる事務処理能力が基準であって、当時は「特別な能力」や「個性」を求められていたわけではなかったと思います。しかも平均的な能力でも十分こなせて、それができていれば幸せに生きていけました。

つまり、「どれも平均的にできることが、正社員＝サラリーマン」であり、その平均的な能力でフツーの中流階級の生活ができていたわけでしょう。

でも、そういう**フツーのサラリーマンを支える条件、潮目が「変わった」というのが現在**だということです。

ということは、そのフツーで曖昧な立場がだんだんとなくなっているとすれば、フツーの人が会社という組織で昇進していくキャリアパスが減ってきているということです。

誰もが部長・課長にはなれない。

そうした全体の最適化を考える管理職＝ジェネラリスト（総合職）は、フツーの人

ではなれない。「日本的長期雇用慣行が維持できない」と大企業の経営者たちが考えているのですから、もう時代は逆に戻らないでしょう。

ならば、どんな能力・人材が求められているのか。

特別な個人のスキル、能力です。

つまり、スペシャリスト（専門職）です。

これって発達障害、特にアスペルガーの人には非常にいい状況です。得意なことをトコトン伸ばせる環境です。

またADHD（注意欠陥・多動性障害）の人にとっても**飛び抜けた能力を持つ個人が「働きやすい社会」になる可能性だってあります。**

ひとりでも稼げる可能性がある社会。

ひきこもりの人でも、自分の最も高い能力を活かせば、いつでも社会参加でき、自分の居場所を持てるチャンスがあるのです。

だからこそ、「働く」ということに対する認識の転換、そして「仕事」を得るためのポジティブな戦略が必要になってくるのです。

たったひとりの個人の働きが、会社よりも稼いでしまう可能性がある時代。

これこそ「自分流」働き方改革の前提になっているのかもしれません。

人間関係の「距離感・遠近法」が変わった

すでにみなさんの生活の一部となったインターネットの時代とともに平行して生まれてきたのがさまざまなプラットホームです。

その中でも日々、馴染みがあるのが無料動画共有サイトではないでしょうか。その最も代表的なサイトとして挙げられるのは「YouTube（ユーチューブ）」。そして、このサイト上に動画コンテンツを制作・公開・配信する人が「YouTuber（ユーチューバー）」と呼バレています。

国籍・性別・年齢を超えて、日々、さまざまなユーチューバーが**「自分の部屋＝ホームオフィス」から世界へと独自に制作した動画を発信し続けています。そして再生回数の多さと「いいね！」の評価でランク付けされ、広告費までを稼いでいます。**

ユーチューバーの注目度で象徴的なのは、日本の小学生の間で男女憧れの職業となっていること。

特に男子においては、プロサッカー選手に続いて2位にランクインされています。

（学研ホールディングス「小学生白書web版」／2018年9月調査結果）

また昨今、**「不登校小学生ユーチューバー」**が話題になりました。その是非はともかくとして、その子たちが世の中との接点を持つならば、社会参加していることであり、そこから何かを学んでいくとになれば、意義のあることだと思います。**「PV数という評価経済」の観点からすれば、大人も子どもも「同じ」場所で共存するわけです。しかもそれで「食べていける」可能性が「等しく」あるわけです。**

もちろん、その競争が激しいことは言うまでもありませんが、ともかく社会と人間とのつながり方は確実に多様化していて、必ずしも会社勤めをしなければ社会人ではない——などとは、もはや言えない時代になってきたのではないでしょうか。

極端な例かもしれませんが、スマホがひとつあれば、世界とつながれるわけです。これは、中高年が生きてきた社会環境とは大きく変わった証拠であり、事実です。

住宅地の「ご近所」や、マンションの「お隣」に住んでいる人は誰だかわからない。けれど、動画再生回数27億をゆうに超える大人気ユーチューバーの「Hikakin（ヒカキン）」などは、物理的には遠いところにいる存在なのに、なぜか心の距離が近い。

ネットの発達によって「会うこともない他人」の方が、「リアルご近所さん」より心理的に近いという現象が生まれています。

これは一般的にも同じことが言えて、東京と他県とで離れている間柄でも、世界のどこの国であっても、そうした状況になっており、これからますますその傾向は強まっていくに違いありません。

つまり、人間関係の「距離感・遠近法」は、かつてとはガラリと変わった環境にいるのが私たちの今――。そうなると、顔を合わせずに仕事ができる、働き方も「自分流にアレンジ」できるということになります。

きっかけは身近なところにあるものです。「ヤフオク」、「メルカリ」などのオークションをビジネスとしてとらえれば、明日からでも、ひきこもりの人が「食べていける」可能性があるとも言えます。

今という時代環境を活かさない手はありません。したたかに社会で生き延びる術はいくつも存在します。

僕が伝えたいのは、何もユーチューブやオークションサイトによってビジネスを考えてほしいということではもちろんありません。**現在、職種は多様化し、かつての仕**

事に対する概念から脱け出すべきだということです。「働き方の概念」を、今一度、見直してもらえたらと思いました。

第2章でご紹介した、ひきこもりから脱出した7つの実例に見るように、個々の適性を見極めるためには、あらゆる角度から丁寧に細かく見ていくことが必要です。

100人の個性があれば100通りの適性が存在します。

その上で、現在はさらに働き方には多様性があり、あなた自身の個性が、すぐに日本、世界へとつながるネット環境があるということです。この認識を持ってもらえたら、もっとラクに世の中に臨めるのではないかと思うのです。

ひきこもり脱出への生存戦略

人生100年時代。特に最先端医療の進歩では長寿の可能性が高まっています。「死ねない時代の到来」を予言する識者もいます。とはいえ、永遠の生命が私たちにあるわけではなく、まだ私たちの世代では40代～50代は人生の後半戦でしょう。

要は、**残り50年という時間から逆算して、「社会参加の段取り」を考えなければな**

りません。

ここで改めて本年3月に内閣府から公表された「生活状況に関する調査報告書」を見てみましょう。

多くの中高年のひきこもり者61万3000人（40〜64歳）のうち、**正社員として働いた経験が73・9％で約45万3000人。契約社員、派遣社員、パート・アルバイトなどの非正規雇用も39・1％で約24万人に上ります**（100％を超えているのは複数回答、つまり正規も非正規も経験している層がいるため）。

中高年のひきこもりの多くが、**社会参加の第一歩は正社員からはじまっているのではないでしょうか。**

ただ、そこで現実的に**ドロップアウトした事実**があるということではないでしょうか。つまり、「会社という組織で務まらなかった」という厳しい現実があったと読み取れるのです。

本来ならば、ドロップアウトする以前に発達障害についての知見、認知があったら対策を立て、改善でき、会社を辞めずに済んだかもしれません。

特に日本人に5％くらいはいると思われる「隠れアスペルガー（グレーゾーン）」の

人であれば、「0か100か」的な極端な思考を好みます。

真性アスペルガーだと「0か1か」、それこそ「生きるべきか死ぬべきか」的な狭《きょう》隘《あい》な認知をします。劣等感がめちゃくちゃ強いために他の選択肢が見えてきません。僕も昔はそうでした。でも、その環境、具体的には職種、仕事に向いていなかっただけではないかという見極めがなかっただけかもしれないのです。

「ひきこもりのきっかけ」は何だったのか。内閣府の同調査では、以下の回答が報告されています。

退職したこと　36・17%
人間関係がうまくいかなかった　21・8%
職場になじめなかった　19・1%
就職活動がうまくいかなかった　6・4%

ここから、中高年のひきこもりの実像が見えてきます。箇条書きにします。

●自分の適性を知らず、就職活動に失敗（新卒時）

←

世間体を気にして入社した結果、間違った環境を選んだ

←

特に興味もなく、好きでもない仕事をしていた

←

やる気がなく、失敗を重ね続けた

←

仕事仲間となじめず、いつの間にか孤立した

←

次第に会社が苦痛になり、退職した

←

◎そして、ひきこもった（結果）

ということではないでしょうか。

ならば、その場合の「ひきこもりからの脱出」は、いたってシンプルです。スタート地点まで〝巻き戻し〟をし、再スタートから別コースをたどればいいのです。つまり、こういうことです。

●就職活動の失敗と向き合い、自分の適性を知る（再スタート）
←世間体は関係なく他人とを比較せず、自分に合った環境を探す
←「これなら続けられる」という業務を見つける
←自分にとっての得意分野で「小さな成功体験」を少しずつ重ねる
←一緒に働く仲間ともうまくやっていけそうな気がする
←仕事は確かに大変なこともあるが、やりがいも感じる

←

◎持続的に働くことができる（結果）

ひきこもり脱出の生存戦略とは、この認知ができることです。それができれば、具体的な行動が可能になり、前向きな社会復帰へとつながっていくのです。そこには、あなたという「一個人」としての立場が、会社員としての立場よりも大きく存在しているのです。

僕の仕事は、来談者と向き合い本人に適する戦略を立てていくことですから、あなたの意向と目標＝戦略が決まれば、次は戦術（どうすれば達成できるかという作戦）に入っていきます。その作戦のお話をしていきましょう。

ひきこもりからの脱出「5つの作戦」

作戦に入る前に、僕には設定している「やらないルール」があることを来談者にお伝えしています。それは、

個人セッションする上で、来談者の「内面（心）」は見ない。

精神分析医のような**「心の診断」をしない**。

「心を見ない」というと誤解されそうですが、人格を無視するという意味ではなく、適性を見ていくこと、就労に導くことに重きを置いているという意味です。心が行動を決めるのではなく、行動や環境が心を変えていくという行動療法に基づく手法です。

セッションの目的は、生きづらさの元凶となる発達障害を認知してもらい、社会復帰できる体力づくりの支援、適性を見ながら就労支援をすること。

ですから、僕はそのための環境変化のプログラムを提案します。**即効性重視です。**

まず、ひきこもりの原因が発達障害にあるのかどうかを見極めていきます。

発達障害ならば、ＡＤＨＤ（注意欠陥・多動性障害）なのか、ＡＳＤ（自閉症スペクトラム障害、特にアスペルガー症候群）なのか、ＬＤ（学習障害）も含まれているのか。また、アスペルガーならば、真性かグレーゾーンなのか、などの障害の種類や脳の特性を判断しながらセッションを開始します。

もちろん、セッション前には医療機関で発達障害の診断テストや身体の状態を調べ

てもらいます（僕は医師ではありませんから「診断」をしてはいけないのです）。

あまりにも症状が重い場合は、ご家族やご兄弟などのサポートを要請します。作戦を実行し、課題を遂行してもらうためには、周囲からの「環境圧力」がなければ効果が得られないことが多々あるからです。

僕のセッションでは、基本的に以下の「**5つの作戦**」を行ってもらいます。

①代謝に基づいた健康法（糖質制限・栄養療法・有酸素運動）
②環境を変えて行動をうながす（環境圧力）
③行動が変われば心が変わる（行動療法）
④ものごとを中立に受け止める（認知療法）
⑤才能を発揮するための習慣化（ルール化）

実はこの5つの作戦とは、第3章でご紹介した、僕がひきこもりから脱け出すことに成功したという「**5つの改善法**」のことです（詳しい解説はP163〜172をお読みください）。

第3章では、僕の幼少期・小中学校・高校時代の発達障害の症状をお伝えしました。

そして以後、ひきこもりとなってしまった経緯をお伝えしました。

ひきこもりの苦しさを経験し、そこからなんとか脱出したいともがき、試行錯誤した結果、見出したのがこの5つの改善法です。その劇的な変化と効果は、第3章でお伝えした通りです。


おかげで僕は、自分の特性「発達障害」との付き合い方もわかりました。そして26歳で社会復帰を果たしました。


僕は苦しみから解放され、ひきこもりから脱出し、人生を取り戻したのです。

こうしたことから、僕はそれ以後、たまたま同じ悩みで苦しんでいる人に出会った時に、「僕はこれで脱出した。だから試してみよう」と5つの改善方法を伝えてきました。


もちろん当時、僕はこれが仕事につながっていくなどとはまったく考えていませんでした。単純に自分にとって効果があったから勧めてみただけなのです。

でも、それがさまざまな人に効果があったようで、評判が口コミで広がり、いつしか僕の生業となり、現在に至っているというわけです。

第2章でご紹介した「ひきこもりから脱出した7つの実例」（P64〜P119ページ参照）に見るように、いずれも個性はさまざま、適性の見つけ方もさまざまですが、この「5つの作戦＝トレーニング法」はどの方にもあてはまり、効果が得られます。

「身体の改善」、「行動の改善」が心の安定を生み、安定した心がまた、身体と行動へと好循環をもたらすという流れを、身をもって体験してもらうのが狙いです。

ぜひ、実践していただきたく思います。

「ワーキングメモリ」だけは鍛えねばならない

発達障害のある方が就職・再就職するために、鍛えておきたい能力があります。それは**「ワーキングメモリ（作業記憶）」**です。かつては「短期記憶」などと呼ばれることもあったようですが、それは正確な表現でなく、ワーキングメモリを言い換えるならば「作業記憶」とするのが適切な表現です。

ワーキングメモリ＝作業記憶は、作業をする時に必要な情報を一時的に記憶して、不要な情報を同時に削除処理する能力のこと。「会話」が成立するのは、実はこのワーキングメモリが機能しているためです。

相手の話の内容を覚える（一時的に記憶する）
←話の内容を理解して意図をくみ取る（整理する）
←話が進むと同時に前の情報はもう要らないと判断する（記憶を随時削除する）

会話が成立するのは、ワーキングメモリの機能が瞬時に適切な働きをしているからです。逆に言えば、この作業ができていないと、会話は成立しないわけです。

会話の他にも、ワーキングメモリは、読み書きや計算などの基礎となる私たちの日常生活や学習を支える重要な能力。

僕は、世間でよく言われる仕事の「段取り力」とは、ワーキングメモリをしっかり鍛えることで身に付くと考えています。

「段取り」とは、物事を運ぶ順序。今言われたことを受け止めて、その流れを新しく運んでいくことです。

身近な例で言えば、「おはようございます」と挨拶されたら「おはようございます」と返すように、その挨拶から「今日はいい天気ですね」などとコミュニケーションが順序よく進むことと同様です。次ページの〔図表8〕を参照してください。

この順番のつながりを追っていくことができれば、どんな人とも、お仕事（高度な資格・能力、特殊技能が求められない仕事）が可能です。

これだけは、絶対に必要な能力です。ともに多くの人と分業する上でコミュニケーションは欠かせないからです。

仕事において話の文脈を把握することは話の内容を時系列で確認し、理解しながら進めていくことですから、相手が話した内容をそのそばから忘れてしまうと、話がつながらず、会話が成立しないだけでなく、仕事の目的までたどり着けないわけです。

特にアスペルガーは長期記憶が得意である反面、ワーキングメモリが破綻している場合が多く見られます。

たとえば、お茶を淹れるためにヤカンで水を沸かし、お湯が沸くまでの間に風呂掃除をはじめて、ヤカンを火にかけていたことを忘れてしまう。これは非常に危険な状

〔図表8〕ワーキングメモリとは何か

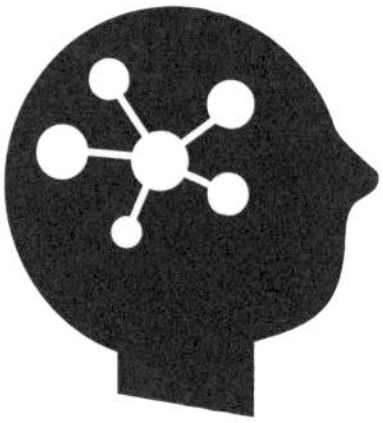

ワーキングメモリとは?

作業記憶の意味。脳の前頭前野の働きのこと。作業などで一時記憶し、処理する能力で私たちの生活の中での判断をするときに多くの影響を与えるもの。要は短期記憶。たとえば会話など相手の言葉を覚えて、その内容を記憶、整理しながら相手と対話する。その際、話の文脈に応じて前の記憶を速やかに削除するそうした情報処理能力のことです。

なぜ必要なのか?

仕事の大半はいろいろ掛け持ちのマルチタスクが要求されるので、たとえば一度に3つの作業をする場合、それぞれの作業が、どこまで進んでいたかなどを記憶していないと仕事の進展がわからなくなります。この短期記憶は、当たり前ですが、世の中、会社の仕事などでは最も重要な能力となります。

どうすれば鍛えられる?

ランニングがオススメです。走ることで脳への血流が増加し、神経伝達物質のドーパミンの異常を正常化できるからです。脳機能が上がる場合もあります。

態です。

このようなワーキングメモリが弱い場合は、仕事においては特に問題を発生させ、ひいては、自分を責めてしまう結果になりがちです。

覚えられない障害→「できない人間」と叱責され→「私はダメだ」という認知をまねいてしまいます。自己肯定感が低く、劣等感が強い発達障害の人がひきこもる典型的パターンの元凶が、この思考サイクルに当てはまってしまうのです。

この負の流れから脱却するには、「緩和」させるトレーニングが必要です。

ワーキングメモリの簡単なトレーニング

ワーキングメモリが弱いと情緒が不安定化してしまうので、この流れを断ち切らなければなりません。

そのためには、「心を強くしましょう」などといった精神論を用いるのではなく、「情報処理をできない」という「事実」と向き合うことです。

その上で鍛えていきます。鍛え方は複数ありますが、その一例を挙げてみます。難しいことではありません。

たとえば、ラジオでも、テレビでも、ネット動画でも構いません。誰でもいいのですが、あなたの興味のある対象者を選ぶと楽しくトレーニングできると思いますので、どなたか選んでみてください。

まず、その人の話（文章で言えば1行分ぐらい）をワンフレーズ聞きます。ワンフレーズ聞いたら、聞くのを止めます。

10秒おいた後、他に何か別の作業をしながら、そのワンフレーズを復唱し続けます。そして、この一連の作業をひたすら繰り返します。繰り返し復唱することでワーキングメモリを鍛えることができ、情報処理能力は劇的に向上していきます。具体例で見てみましょう。

①テレビの天気予報などで、気象予報士が話す内容を聞きます。

「今日は朝から28度を記録し、お昼には35度近くになります」

②このワンフレーズを記憶するようにし、10秒おきます。

③そしてたとえば食器を洗いながら、掃除をしながらなど、別の作業をしながら、聞いた言葉通りに復唱＝繰り返します。

たった①～③だけのトレーニングですが、続けていくと確実に効果を得ていることに気づくはずです。

頭の中では「朝28度、昼35度」という情報が確認され、整理されます。そして「では、どうすればいいのか？」という「対処への流れ」が脳内で準備されていきます。「流れ」＝「では、どうするか」という行動が仕事の流れになるのです。

実はアスペルガーの人にとって、フツーの人にとっては当たり前にできることが一番難しいことであったりするのです。

これはこれまでに僕が２０００人以上の来談者とのセッションで感じていることですが、発達障害の人の多くがワーキングメモリの弱さから、順序よく流れを作れないという傾向にあるのです。特にアスペルガー症候群の人たちは顕著です。

でも、**ワーキングメモリがしっかりあれば、かなりの仕事をこなせるようになりま**

す。ちなみに工事現場での「指差確認」。これはまさに「順序の流れ」を確認しているのであり、そう考えていただくとわかりやすいでしょうか。

次に「注意欠陥・多動性障害（ＡＤＨＤ）」についてです。その多動的で注意力散漫な状態を「もっと落ち着いて」などと言っても意味がありません。

そもそも、学校の勉強や定期試験が意味するところは、教師が教えたことを順序よく理解し、その「処理能力・再現能力」が試されること。この処理能力と再現能力の正確さが「頭がいい」とされているだけなのです。

その能力だけで判断され、就職や職業、人生につながってしまう――。それは、実はあなたがひきこもる前にうっすらと感じていたことではないでしょうか？

世間の能力とは、たかだか処理再現能力という限定的なものです。この処理再現能力が凹んでいるだけで、あなたの長所、凸となる能力が活かせないのならば、実にもったいないことです。

僕は、最小限の武器となるワーキングメモリを鍛えることによって、あなたが幅広い職業を選択することができ、その仕事に就くこともできると考えています。さまざまなセッションを行ううちに、その〝土台〟だけを作れば、本当にやりたい仕事を選べるようになると思えるようになったのです。
もちろん、収入や社会的地位などの条件とは別の話です。

「働く」ために必要なふたつのスモールステップ

僕は、これまでの著書の中で、発達障害の人の「長所＝凸の部分」の能力について言及し、さまざまな能力について考察してきました。モーツァルト、エジソン、アインシュタインなどの発達障害だったと言われる偉人などのお話もしてきました。

でも、現実的な観点から、世の中で「働く」ということで求められている能力は歴史に名を残すようなものではありません。そもそも特殊な「才能」というものが問われていないということを逆に知ってほしいと思いました。

スモールステップ。小さな一歩を重ねるだけ。

世の中は「そこそこ」の能力で持続的に渡っていける。

ほんの少し**「短所＝凹の部分」**を直すだけ。

本書では、ひきこもりと発達障害の関連でお話ししてきました。

「自分の内面とは関係なく先天的な脳の器質障害および間違った環境設定をしてしまったことからミスを重ねた」、「自己肯定感が持てず、劣等感が強いためより内罰的になり、ひきこもるという負のスパイラルが続いた」

断言します。これらを断ち切ることは可能です。

なぜなら普通に世の中で働いている人の「持続可能な能力」とは、「そこそこ」の最も単純な能力が習慣化されているだけ。

つまり、みんながそこそこできることによって、世の中は回っているのです。

ならば、あなたはそこだけを克服すればいい。

第1章で述べた①「メタ認知（自己客観化）」する力。

本章で述べた②「ワーキングメモリ（短期記憶）」という能力。

このふたつを持てば、普通に世の中で働けていけるのです。

そう考えてみてください。何も恐れることなどないのです。

世の中はどんな人にも等しく特別な才能を求めていません。焦る必要などありません。どうか安心してください。

人生100年時代。まだまだ自分を活かす時間は残されています。
あとは、一歩「**踏み出す勇気**」だけなのです。

ひきこもり改善法5か条

最後に、ひきこもりを改善するための鉄則をまとめてみます。

すでに本書で書いてきたことですが、この5つの鉄則があなたの生活を変えていくことは間違いありません。おさらいしていきます。

①「働かざるを得ない環境」を親や理解ある周囲の第三者に作らせる
②「スモールステップ」で成功体験。最初から高い目標を設定しない
③「働き方は多様」正社員や週5日労働が唯一の選択肢ではない
④「環境設定」が間違ったから失敗しただけ。能力不足は関係なし
⑤「立て直し」に年齢は関係なし。〝人生100年時代〟で考える

この5か条は決して特別なことをするわけではないのです。

ただ、自分以外の家族、あなたのことを理解する人たちと日々、確認しながら進めてほしいのです。自分で差配しようとすると必ず日々のルーティン（日課）は、甘くなります。

ひきこもり脱出において我流のセルフマネジメントは無理です。これまで自分でできなかったからこそ現在の状況になっているわけですから第三者が介在しない限り、今後も同じ状況が続いていくことになると考えるのが妥当です。真剣に向き合ってほしいと思います。

以下、説明していきます。


【①「働かざるを得ない環境」を親や周囲の第三者に作らせる】


僕のもとに「ひきこもり」について相談を持ちかけてくる来談者は、20代の若い世代の場合は当事者が訪れるのがほとんどですが、30代・40代・50代のひきこもりの場合は、親御さんが相談にやってくるケースが多くなります。

親自身も子どもも、いずれは「死」が訪れます。

その危機感によって「やっぱり人に頼らなければ解決できない」という認識がようやく生まれてきたために相談にくるのだと思います。

人間は追い詰められないとなかなか動かないものです。ですから、その危機感こそ「チャンス」だと思ってください。今からでも遅くはありません。

また、ひきこもりの子どもを持つ親御さんの大半は、第三者に相談するという発想を持たない傾向にあります。

「ひきこもり」を「恥」だと考えているからです。

相談したとしても家族会議や親戚会議をする程度。身内だけで何とかしようとしても結果は出ず、いつの間にか数年が経ち、まったく状況が変わらないのに感覚が麻痺してしまい、10年、20年と経ってしまう——。そう、冒頭でお話しした「8050問題」がやってきます。

「働かなくても生活ができてしまう環境が許されている」。これが元凶です。

「働かなければ生活できない環境に自分をおく」この勇気を持ってください。

人間の行動は〝内面から生まれている〟と考えがちですが、実は〝環境によって行

動が決まる〟のです。基本的に人間は、生命維持のために省エネモードのセンサーがあり、いかに自動化して労働を減らせられるかを考えてきたため文明が発展してきたわけですから、働かなくてもいい環境があれば人間は基本的に働きません（働く意欲が出てくるのは、働いている環境の中でやりがいを見出していってからのことです）。

そのため、僕は、肉体的、精神的に、作業に支障がない人がひきこもっている場合は、「追い出せ」のひと言を申し上げています。

もちろん、現在の本人の症状を細かく聞き取り、生活環境やこれまでの暮らしぶりを丁寧に探り、具体的なプランを立てた上でのことです。

その後は1か月に1回のペースで僕のオフィスに来てもらい、状況を報告していただきます。

たいていの場合は、「かわいそうで追い出せない」という状況が半年ほど続きますが、僕に毎月報告することによって、**「このままでは〝このまま〟でしかない」とようやく行動に移すパターンがほとんどです。こういったことから日常に慣れすぎてしまった状況から脱却するには、自らを客観視させてくれる第三者の介在が不可欠となるわけです。**

現在、ひきこもりに対する対策支援団体も増えてきており、それを利用するのも手です。ただし専門家でなければ適切なアドバイスが受けられないために、かえってひきこもりを悪化させてしまうことがあるので、相談相手を選ぶ際は細心の注意が必要です。

【②「スモールステップ」で成功体験。最初から高い目標を設定しない】

発達障害の特徴のひとつなのですが、「ゼロか100か」、「こうあるべき」というような完璧主義の性質が多く見受けられます。

100点＝自分の理想とする形でなければ意味がない――。

まずはこの考えを捨てましょう。

第3章で僕が高校生の時、アルバイトをクビになること9回――と書きましたが、繰り返し失敗することで心が折れてしまったわけです。

ですから、その逆をやること。

小さな成功体験を繰り返し積み上げることが、ひいては成功につながります。

たとえば身体を鍛えていないのに、いきなりボクシングのリングには立てません。

立ったとしても一発でノックアウトされてしまいます。それと同様、志を高く持つことは一見すばらしいようですが、そもそも無茶なのです。

まずは1日5分のストレッチからはじめ、翌週からは10分、翌々週からは腹筋・背筋を加えてみるなど。

第2章でひきこもりから脱け出せたBさんのケースも同様で、こうしてちょこちょことスモールステップを踏み、日々の目標を達成させていくことによって確たる自信に結びついたのです。

働き方もこのスモールステップが有効です。

前項でお伝えしたように、働き方は多様だと考え、最初から正社員を目指すのではなく、たとえば週に1度、数時間のアルバイトからはじめる。あるいはボランティアでも構いません。

もちろん、僕は闇雲《やみくも》に「働け」と言っているのではありません。僕のセッションでは、個々の特性に合わせ、具体的なスモールステップを積み上げていく道筋を提案します。それを本人に実行してもらい、基本的に月に1回報告してもらいます。場合によっては毎日スマホで写真を撮って送ってもらうことも多々あります。

なぜなら最初のうちはこのぐらい強制的に行わなければ、これまで怠《なま》けてきた身体と脳を目覚めさせることはできないからです。**ひきこもりになりやすい人の特徴は、何より強い劣等感があるということですから、そのために「打たれ弱い」、「ストレス耐性が低すぎる」といった原因を取り除いていくわけです。**

生活習慣を変えることは、本人の踏み出す一歩と周囲の協力があれば、1か月もあれば充分に改善できます。

改善の兆《きざ》しが見えてきた時に、半年前の自分と比べてみます。そうすると、そこで初めて自らが変わったことに気づきます。「小さな一歩」は「大きな一歩」なのです。

【③「働き方は多様」正社員や週5日労働が唯一の選択肢ではない】

極論を言えば「あなたが快適であればいい」。**働き方はそれでいいのです。**

友達の大半が正社員として勤めているとか、毎日出勤しなければ体裁が悪いとか、あるいはそれでは仕事とはいえないとか、完璧主義の考えや思い込みはやめてしまいましょう。快適に働くためには、自分には何が必要で、何が邪魔しているのか、まずそれを考えましょう。

他人と比べるのではなく、自分のペースで自分らしく――。この「自分らしく」などという表現はありきたりで、情緒的で、手垢のついた表現かもしれませんが、でもその「自分らしく」が見えなくなってしまったのは、あなたが度が過ぎた完璧主義であったからかもしれないのです。

発達障害のある人は、個々に特徴が分かれるため一概には言えませんが、これまで僕の元を訪れた方の傾向としては、自営業、職人、芸術系に関わる仕事に向いている人が非常に多くいました。

また身体や脳が異常に疲れやすかったり、聴覚過敏や視覚過敏などを抱えていたり、公の場所に適合できなかった人が多くいます。それを気づかずに、自分が〝普通〟でいなければいけないと、自らを追い込んでしまった結果、自爆してしまったのです。

あなたの働き方は、あなたにしかない。

そして自分らしい働き方は、あなた自身でつかむことができます。

肉体を強化し、自分の行動と思考を整えた上でこそ、適正に自分の居場所を選んでいけるあなたになっていきます。

【④「環境設定」が間違ったから失敗しただけ。能力不足は関係なし】

第2章でご紹介した7つの症例に見るように、自分の特性を知り、自分に合った環境を探すことよって、「生きづらさ」を回避することができます。特性を活かせば、社会との接点を見出すことができ、自分の居場所が見つかります。

僕がよく表現する言葉なのですが、発達障害とは「凹凸症候群」。つまり、できることとできないことの差が激しいのです。

たとえば、総合職に就いた場合、複数の打ち合わせ、仕事の合間に電話に出る、三つの書類を作成して1週間後に提出する、など同時並行の業務においては、いくつもミスをしてしまうのに対し、膨大なデータ入力ならば誰よりもスピーディにノンミスで仕上げることができる――こういった極端な能力の差があります。

また、発達障害が起因となってひきこもってしまった人の多くは、実は責任感が強くて真面目な人が極めて多いのが特徴です。

裏目に出てしまったのは、自分に適していない仕事においてミスを繰り返す自分が許せず、何とか克服しようとがんばり過ぎてしまったから。空回りして自己嫌悪に陥ってしまった結果なのです。Aの環境だったら極めて高い能力を発揮できるけれども、その代わりB〜Zのすべてが対応できないといった具合です。

僕が提唱しているのは「才能を徹底的に伸ばせ」です。意外と誤解されがちなのですが、「好きなこと」と「才能」は実はイコールではないことが少なくありません。

来談者とのセッションでは、「幼い頃、こんなことが得意じゃなかった？」と尋ねると「そういえば…！なんでわかったんですか？」と驚かれることがよくあります。〝気づき〟もまた他者からのアドバイスによって生まれます。社会と接することに絶望感をおぼえ、ひきこもってしまったのならば、それはご本人が適応する環境を間違えてしまっただけだと認識しましょう。

今、大手企業でも発達障害の方たちが働きやすい環境を整えて、その才能を活かしていこうという流れも出てきています。自分の特性を知るためのメソッドの質も上がってきました。発達障害の人は、知的欲求が非常に高いのも特徴的ですから、いったん自分の適正を見つけた人は飛躍的に〝仕事ができる人〟となっていくはずです。

【⑤「立て直し」に年齢は関係なし。〝人生100年時代〟で考える】

今、日本では超高齢化が進み、〝人生100年時代〟を迎えています。政府は今後の社会システムをどう構築していくか模索している最中であり、個人レベルにおいても働き方や生き方を考えなければならない状況にあります。

しかしこれを悲観的にとらえるのではなく、**たとえば、あなたが50歳であっても、残り50年あると考えてみましょう。立て直しを図るにはまだ十分「間に合う」年齢です。そしてひきこもっていた期間には大いに知識や情報を蓄えていたはずです。それを活かしてほしいのです。活かすための方法は必ずあります。**

僕の行っているひきこもりや発達障害の改善法は、精神論ではなく、実にシンプルなトレーニング方法を用います。

「できないことを少しずつ改善する」→「できることを徹底的に伸ばす」→「以前よりバランスがとれる」→「本人に自信が出る」→「周囲にも認めてもらえる」→「社会生活がスムーズになっていく」→「さらに自信がつく」というプラスの好循環を狙っています。

「ひきこもりから脱出したい」という思いはあっても、気持ちの一方では「相談すると説教される」とマイナスの予想をしたり、「実際にアレコレと実行に移さなければならないから面倒くさい」といった防衛本能が働いてしまうかもしれませんが、年齢があがればあがるほど他者に相談するのが億劫になってくるのはわかります。
でも、対処は早ければ早いほど改善もまた早い。今すぐにでも一歩を踏み出してください。

脳の機能は筋肉と同じようなもので、確かに若い方が細胞の活性や神経系の入れ替わりが早いため、効果が早く現れるのは事実ですが、しかし年齢は一切関係ありません。脳内の神経系統の機能を再構築していくトレーニングは、たとえ高齢であっても成果が出ないということはありません。

仕事って、完璧じゃなく、そこそこでいいんです

以上、5か条、ひきこもりから抜け出すタスクは基本的ことばかりで簡単です。
でも、はじめることが一番むずかしい。
でもでも――それは「カラダ」の方が慣らしてくれます。
慣れてくれれば、こっちのもんです。次第に生活のリズム、他の人がやっていること

も見えてきます。

ひょっとしたら、自分は完璧主義に陥り、視野が狭かっただけだったのかもしれません。ひょっとしたらかつての学校の同級生や、元職場の仲間たちは、あなたと比べてもっと「そこそこ」やっているだけで、**イイカゲン**だったかもしれません。

先に書きましたが、**社会生活は完璧主義では回りません。**

そこそこで回っています。

なぜか？

だってみんな疲れちゃうから。あなたは自分に真摯で真面目だったために疲れちゃったからひきこもりになったのじゃありませんか？

ならば、そこそこでいい。

仕事なんてそこそこできることで十分合格点なのだから。

自分のできないことを誰かがカバーし、またその誰かのできないことをまた他の誰かがカバーする。こうして世の中が回っていることがわかれば、だいぶ気持ちもラクになりませんか？

気持ちをラクにして自分の能力を最大化し、自分の得意を世の中で試し、表現して

みること。それは決して有名になることでもお金をドーンと稼ぐことでもありません。外に出て自分の頭と身体で今まで見えなかった視点で新しい発見をすること。それが身をもって得た価値であり、あなたの人生を豊かにする経験です。

振り返ってみれば、ひきこもるという自分と向き合い続けた「ひとかたまり」の時間があなたの社会生活の原資、蓄積となっていたのかもしれません。

さあ、踏み出す勇気をもってください。

新しい自分と出会うために。

おわりに

最後まで読んでいただき、ありがとうございました。

僕は今、39歳。お読みいただいた方の中には、僕より大先輩の方たちもいらっしゃったかもしれません。本書では不特定の方にメッセージを送るために、いたしかたなく「あなた」、「君」などと表現せざるを得ない箇所があり、生意気ともとれる呼称を使いましたことをどうかご容赦ください。

また、できる限り曖昧な表現はせずに、正直に僕の思いを伝えることを意識的に心がけましたので、時には感情的になっていることもあるかもしれません。その点はみなさんから今後もご指導いただきたく思います。

僕が本書で最も伝えたかったことは、ひきこもっている本人に対して**「今からでも遅くはない、限りある時間を大事にしてほしい」ということです。**策を立てずに目を背けてほしくないのです。僕がひきこもり状態にあった時にもがき苦しんだ思い、それと同じであるならば一日でも早くラクになってほしいのです。

最後に逆のことを言うようですが、「ひきこもり」とはそんなに悪いことでしょうか。僕は、最近の事件で、世の中がことさらに警戒している状況に違和感を持っています。

雨風をしのげる住まいがある。

食べ物に困らない。

適度なレジャーも与えられている。

何が悪いのでしょうか。

少なくとも誰かに迷惑をかけていない限りにおいて過剰に騒ぎ立てる必要もないと思います。むしろ、誰もが、何らかのきっかけでひきこもってしまう可能性はあるとさえ思います。もちろん、ご家族の方々や、本人の「働きたくても働けない」状態にいる場合の葛藤は大きいこともわかります。

ただ、ひきこもりが多くいる社会を歴史的に見れば、「日本は、豊かな社会になったのだ」とも言えないでしょうか。

人類は死の恐怖に脅かされてきた長い歴史があり、少しでも豊かになるために努力を重ねてきました。世界ではまだ貧困に苦しむ国や地域がありますが、こと日本に限定した場合、外敵に脅かされることなく、今日明日の食べ物の心配もなく暮らしていけるのであれば、この上ない幸せなことだと思うのです。

つまり「ひきこもり」という言葉自体が悪くとらえられているだけのことであり、豊かに生活できているならば、何も言うことはない、また何も言われることはないのではないでしょうか。

「幸せ」とは、極論すれば「安心して眠れること」、「お腹がすいていないこと」につきると僕は思います。それにもかかわらず、なぜ「ひきこもり」が問題視されているのでしょうか。

「はじめに」でも書いたように、いずれは、親子ともども、「7040問題」、「8050問題」の末、経済破綻してしまうから——。

つまり、「お金」の問題として将来への不安が問題となっているのでしょう。

ですが、その将来への不安は、今の充実がない限り解決の糸口はないのです。

今を生きる。ひきこもった本人が「今、ここ」を生きるために、自分の頭で考え、納得して、自分の足で立ち、切り開いていくしか将来への道はありません。

ひきこもっている人の「多さ」から不安を煽り立てる世の中に対し、僕は言いたい。ひきこもっている本人は、ひきこもらずにいるみなさんと同じように名前を持ったひとりの人間であること。また彼らも最高の人生を歩みたいと思っていることを。**僕には「ひきこもり」の人になんとか脱出してほしいという強い思いがあります。理由はひとつです。本人が苦しんでいるからです。**

社会と接点を持ちたいのに、接するのが怖い、勇気がない。世の中に出てみんなとつながりたいのに、ダメな自分を認めるとみじめになってしまう。だからそんな自分を認めてくれない「社会が悪い」と自己正当化をして自らを逃避させている。でも、自分「勇気のなさ」に打ちひしがれ、「社会が悪い」と独りごちるのも、どこかで自分以外の誰かと接点を持っていたいという思いから来ています。

誰もひとりでは生きられない。

本年、6月1日に、元農林水産省事務次官の父に刺殺されてしまった44歳の息子さんの最後のツイートの「ひとりでは」という言葉には、「ひきこもることから脱出し、生きたい」という願いがあったのだと思います。

7年間、ひきこもりだった僕は、毎日が不安でした。

不安で仕方がないのに、傷つくのが怖くて動けない。動けない自分を認めたくないから「働くことは悪だ」と言い訳をする。頑《かたく》なに言い訳を続けるも不安はさらにつのる。この負のループは、何か強い「きっかけ」がなければ永遠のごとく続いてしまいます。

僕は、もがき苦しんだ末に、ひきこもりからの脱出、そして発達障害を克服するための方法を見出しました。

そして、ひきこもりで苦しんでいる人たちに僕が僕自身のために見つけた改善法をお伝えしたところから、徐々に相談者が増えていきました。

わかりやすいように「発達障害カウンセラー」などという肩書がつきましたが、僕自身としては、自らの苦しんだ経験をもとに、なんとか脱出したいと勉強して、それが改善につながったために、「他の人にも有効なのではないか？」と考え、相談を持ちかけられた時に適宜その改善策を伝えてきただけのことです。

心の奥底で苦しんでいない「ひきこもり」の方がいるだろうか――。

世間が勝手に「ひきこもり」を差別していいのだろうか――。

答えはわかりません。

今言えるのは「僕自身は苦しかった。だから脱け出したかった」

だから、もし同じであるならば伝えたいのです。

苦しんでいるのならば、脱出する方法はあることを。

苦しみを認知できた時、すでに「答え」は見えていることを。

僕は感じています。ひきこもってしまった人たちは、花にたとえれば「蘭」だと思うのです。野や山に自生する野生ランは日本だけでも数百種を数え、そのどれもが美しく、希少性の高いものとされています。

たんぽぽがあちこちで咲くように、蘭はどこにでも咲けるのではなく、咲く場所を選びます。各々にふさわしい土に根をはり、そこから養分を吸収し、見事にその姿を開花させています。どんな土地でも適応し、どこにでも咲かせられるような花ではなく、たとえば断崖に咲き誇る蘭は、その場所だからこそ崇高な姿を誇れるのです。それゆえ、人々を惹きつけるのです。

あなたは、あらゆる環境に適応する育てやすい花ではなく、ていねいに細かく環境を選ばなければならない特別な気質を持った存在。ひきこもったのは、無能で精神的に脆弱だったからでは決してないのです。

本書で述べてきたのは、ひきこもりの原因となった生きづらさは、あなたの「発達障害」にあるかもしれないということ。

繰り返しますが、ひきこもった期間が長ければ長いほど、解決・改善が難儀で時間を要するという考えは捨ててください。「花の根＝あなたの才能」は決して枯れることはない。何歳からでも咲かせられます。スモールステップを積み上げ、気負わず、淡々と、実践するのみです。

ひきこもりの改善は「ドミノ倒し」のようなもので、ドミノ群の先端をひとつ押せば、次々と問題点が倒され、すべてが進んでいきます。

僕のセッションでは、ほとんどの方が1年半～2年で改善し、セッションを卒業していきます。今からはじめて改善まで1～2年かかると聞いていかがですか？　長いと感じますか？　忙しくても忙しくなくても、たいていは1年なんてあっという間に過ぎるものです。何の策も立てずに1年を過ごすのか、今、はじめるのか――。

ひきこもりに悩むみなさん、そしてご家族の方に、伝えたいです。
ひきこもりの期間は「失われた時間」ではなく、自分の特性を見極める貴重な「助走」期間だったのだ――。

高く将来へジャンプするための助走。

そう思えるはずです。
今こそ、勇気を持ってその一歩を踏み出してみてください。

2019年7月末日

吉濱ツトム

著者略歴

吉濱ツトム Tsutomu Yoshihama

よしはま・つとむ　発達障害カウンセラー。幼い頃より自閉症、アスペルガーとして悩み、長期間にわたる「ひきこもり」を経験。悲惨な青春時代を歩むが、自ら発達障害の知識の習得に取り組み、あらゆる改善法を研究し、実践した結果、数年で典型的な症状が半減。26歳で社会復帰。以後、自らの体験をもとに知識と方法を体系化し、カウンセラーとなる。同じ症状に悩む人たちが口コミで相談に訪れるようになり、相談者数は2000人を超える。現在、個人セッションのほか、教育、医療、企業、NPO、公的機関からの相談を受けている。著書に『アスペルガーとして楽しく生きる』（風雲舎）、『隠れアスペルガーという才能』（KKベストセラーズ）、『発達障害の人のための上手に「人付き合い」ができるようになる本』（実務教育出版）がある。

今《いま》ひきこもりの君《きみ》へおくる
踏《ふ》み出《だ》す勇気《ゆうき》

2019年8月10日　初版第1刷発行

著者　吉濱《よしはま》ツトム

発行者　小川真輔

発行所　KKベストセラーズ
〒171-0021 東京都豊島区西池袋5-26-19
陸王西池袋ビル4階
電話03-5926 6262（編集）
03-5926-5322（営業）

協　力　金成春鷹（マスターマインド）
装　幀　フロッグキングスタジオ
印刷所　錦明印刷
製本所　フォーネット社
DTP　オノ・エーワン

ISBN 978-4-584-13917-2 C0095